KT Guttenberg

3 Sekunden

KT Guttenberg

3 Sekunden

Notizen aus der Gegenwart

HERDER

FREIBURG · BASEL · WIEN

MIX
Papier | Fördert gute Waldnutzung
FSC® C014496
FSC
www.fsc.org

Verlag Herder GmbH, Freiburg im Breisgau 2023

www.herder.de

Umschlaggestaltung: Open Minds Media/LOOPING GROUP
Umschlagmotiv: © Avinash Weerasekera
Satz: wunderlichundweigand, Schwäbisch Hall
Herstellung: GGP Media GmbH, Pößneck
Printed in Germany

ISBN (Print): 978-3-451-39659-5
ISBN (EPUB): 978-3-451-83195-9

Einleitung

Dieses Buch hat einen etwas kuriosen Ursprung. Noch zu Beginn dieses Jahres war sein Erscheinen nicht geplant. Vielleicht ist es ein Beleg für die sich rasch wandelnden Zeiten, in denen wir leben, dass die Idee innerhalb weniger Monate entstand, reifte und schließlich ihre Umsetzung so fand, wie Sie sie nun in den Händen halten.

Ebenso charakteristisch für unsere Zeit ist der Auslöser, der mich dazu brachte, überhaupt zu schreiben. Als ich im vergangenen Jahr meinen ersten Dokumentarfilm gedreht hatte, ermunterten mich einige Mitstreiter, in den sozialen Medien aktiv zu werden. Dies sei heutzutage unverzichtbar, man könne da für das gemeinsame Projekt werben und viele Menschen direkt erreichen. Ich empfand die Vorstellung, solcherart zu trommeln, zunächst als grauenvoll. Während der vorhergehenden zehn Jahre war ich auf keiner der gängigen Plattformen aktiv gewesen. Wenig langweilt mich mehr, als andere bei deren Selbstoptimierung oder Wutausbrüchen zu begleiten. An *Twitter* störte mich der Furor und die Anonymität der Empörung, *Instagram* kam mir allzu flach und selbstverliebt vor. Eventuell ungerechtfertigte Urteile. Aber bis heute kann ich diesen Formaten nur wenig abgewinnen.

Schließlich schlug mir ein Freund *LinkedIn* vor. Ich war skeptisch. Vordergründig ein Business-Netzwerk. In der Regel werden dort berufliche Erfahrungen und Interessen, Inspirationen und gelegentlich Eitelkeiten geteilt. Da man sich als User im Gegensatz zur digitalen Konkurrenz nicht allzu leicht hinter einem Fantasienamen verstecken kann, geht es aber insgesamt recht gesittet zu.

Nun gut, dachte ich, dann probiere ich es einmal dort. Für mich ein Experiment mit ungewissem Ausgang. Was auf meinem Profil posten, ohne in die Falle plumper Selbstdarstellung zu tappen? Was könnte die Leute an dem interessieren, was mich interessiert?

Anfänglich schlug ich wunschgemäß die Trommel für unseren Film. Das Echo war überschaubar. Ich hätte auch für ein Seifenprodukt werben können.

Nach einigen Wochen wagte ich einen Versuch. Ich hatte für mich schon seit längerer Zeit Dinge notiert, die ich auf meinen Reisen mitbekam, sah, erlauschte. Alltägliches, das mich gefesselt hatte, warum auch immer. Einen ersten dieser Texte veröffentlichte ich. Und beschloss, daraus eine Reihe zu machen.

Jeden Sonntag würde eine kleine Notiz über Beobachtungen und Begegnungen der vergangenen Woche erscheinen. Miniaturen meines Alltags. Erlebnisse, die auch eine stille Reflexion auf das eigene Leben erlauben. Manchmal mit einer Anspielung zum aktuellen Geschehen. Manchmal eine flüchtige Erinnerung an die Oberfläche des Bewusstseins spülend. Manchmal eine Absurdität. Immer mit einem Bezug zum Heute. Zu unserer vielfältigen, turbulenten, verstörenden, faszinierenden Gegenwart.

Ich dachte über den Begriff Gegenwart nach, denn er beschäftigte mich. Neurowissenschaftler, so las ich, haben in Studien herausgefunden, dass Menschen maximal eine Zeitspanne von drei Sekunden als »genau jetzt« empfinden. Davor erstreckt sich das »Eben-noch«. Danach folgt das »Jetzt-sofort«.

Drei Sekunden also verbinden Vergangenheit und Zukunft. Drei Sekunden machen unser Leben aus, genau jetzt, in diesem Augenblick.

Mit diesem Bewusstsein für die Kostbarkeit des Moments versuche ich, durchs Leben zu gehen, um womöglich einen Zipfel dessen zu erhaschen, was man Klarheit nennen könnte. Mit diesem Bewusstsein wähle ich auch aus, was ich schreibend erkunde.

Offenbar spricht diese Haltung nicht wenige Menschen an. Die Essays, die ich auf *LinkedIn* teilte, müssen jedenfalls irgendeinen Nerv getroffen haben. Sie verzeichneten teilweise mehr als eine Million »Views«, wie man das heute nennt. Ich erhielt zahlreiche Zuschriften. Erkennbar identifizierten sich viele Leser mit den beschriebenen Situationen. Oder rieben sich an einer persönlichen Reflexion. Es folgten spannende und gehaltvolle Diskussionen in den Kommentarleisten. Dies war kein digitales Geschnatter. Das Experiment schien mir gelungen.

Bei allem – mich mitunter überwältigenden – Zuspruch gab es aber auch vereinzelt Zweifel in der »Community«. Die einen fragten: »Hat er das wirklich selbst geschrieben?« Fröhlich weise ich bei solchen Gelegenheiten darauf hin, dass mein Lebensbedarf, mich mit fremden Federn zu schmücken, als gedeckt gelten darf. Deshalb: Ja, jede Zeile dieses Buches habe ich selbst verfasst. Ungenauigkeiten und Fehler sind allein mir zuzurechnen. Die Dialoge entsprechen meiner Erinnerung. Zudem habe ich die Namen meiner Begegnungen geändert, soweit sie nicht Figuren des öffentlichen Lebens sind.

Ein anderes Grüppchen raunte: »Hat er das wirklich erlebt?« Im Unterschied zur ersten Frage überraschte mich hier der Argwohn. Ist der Alltag etwa so unalltäglich geworden? Es gibt keinen Tag, der nicht ein Bündel von Anekdoten bietet, wenn man die Freude an der Betrachtung, am Gespräch, an den sogenannten kleinen Dingen des Lebens nicht verloren hat. Die Quellen meiner Erzählungen sind nicht spektakulär. Nur das Leben selbst ist es.

In vielen Kommentaren wurde schließlich der Wunsch geäußert, meine Notizen doch in ein Buchprojekt münden zu lassen. Ich war zunächst unsicher, ob ich es nicht besser bei den digitalen Fingerübungen belassen sollte. Eigentlich genug der Trommelei. Viele, insbesondere auch der Verlag Herder, haben mich dann ermutigt, den nächsten Schritt zu gehen. Dieser Band ist das Resultat. Er enthält noch einige Essays, die hier erstmals zu lesen sind.

Eine kleine Sammlung von Augenblicken, niemals länger als drei Sekunden, doch hoffentlich stets lang genug.

KT Guttenberg. München im August 2023

I

München, im Januar (1). Sitze mit dämlicher Pudelmütze im Englischen Garten. Der Versuch, mit klammen Fingern einen Text für ein anderes Medium zu schreiben, scheitert an mehreren Ablenkungen.

Da ist die ofenfrische Brezel vom Kiosk am Waldrand.

Und ein Akkordeonspieler, der sich an Bach'schen Fugen verhebt. Dies mit offenbar warmen Pfoten, aber überschaubarer Begabung. Er will kein Geld, nur Aufmerksamkeit. Wahrscheinlich darf er zu Hause nicht mehr üben.

Eine ältere Dame stürzt. Drei junge Männer kümmern sich fürsorglich um sie.

Ein Dackel, der ungerührt vor meiner Parkbank sein Geschäft (groß) verrichtet, mit einem Herrchen, das ebenso ungerührt in die andere Richtung schaut. Mein belustigtes Glucksen quittiert wenigstens der Dackel mit so etwas wie einem schlechten Gewissen.

Aus dem Akkordeon tönt jetzt die Partisanenhymne »Bella Ciao«. Fehlerfrei.

Zahlreiche Familien wandern an mir vorbei. Ich höre mindestens acht unterschiedliche Sprachen. Liebevoller Umgang, fröhliches Lachen. Gefühlt alle machen sich über meine Pudelmütze lustig. Jede einzelne dieser Familien erscheint wie eine wirkliche Bereicherung für München. Und sie werden nicht nur angesichts unserer bedrückenden demografischen Entwicklung gebraucht. Daran dürfen in diesen Tagen all jene erinnert werden, die sich mit Pauschalurteilen über Integrationsversagen echauffieren. Beschämend, wie platt in unserem Land die Debatten nach der Berliner Silvesterböllerei geführt werden. Auf allen Seiten, von ganz links bis ganz rechts, und am liebsten ohne jegliche Differenzierung.

Übrigens: Die Brezelverkäuferin, der Mann mit dem Akkordeon und die drei Kavaliere haben alle das, was wir heute mit dem Wortungetüm »Migrationshintergrund« beschreiben. Herrchen und Dackel eher nicht.

Am fröhlichsten sind heute schließlich zwei sternhagelvolle bayerische Landsleute. Sie taumeln zum besagten Kiosk. Es ist 13.15 Uhr. Auch im Süden Deutschlands läuft nicht alles rund.

II

München, im Januar (2). Ein unerwartet einsamer Sonntag. Wenn Ihnen Ihre Familie fehlt, probieren Sie einmal die Staatsoper. Aber gehen Sie in eine Nachmittagsvorstellung. Allein. Am besten ein Ballett. Da müssen Sie nicht zwingend mit Regieexperimenten rechnen. Keine Nackten, die sich quietschend unter Halogenstrahlern mit Pferdeäpfeln bewerfen. Auch keine Zwölftonmusik. Stattdessen die Gassenhauer. Begleitet von Tausendtonmusik – das aufgeregte Stimmengewirr unzähliger fröhlicher Kinder. Mehr Familie geht kaum, in jeglicher Hinsicht.

Es sind nicht Ihre Verwandten, die darum knobeln, wer neben dem komischen Einzelgänger (mir) sitzen muss. Es ist auch nicht Ihr Sohn, der den sorgfältig am Vordersitz platzierten Kaugummi trotzig wieder in den Mund schiebt. Sie müssen auch nicht eingreifen, als ein Lausbub in den ersten Reihen etwas Undefinierbares in den Orchestergraben schnippt (flog da gerade etwas zurück?). Nicht Ihr kleines Mädchen, das im Parkett auf dem mitgebrachten Sitzkissen steht. Und ihrem Hintermann ungemein charmant die Sicht verbaut. Dieser ringt um eine vergleichbar charmante Lösung. Das Problem erledigt sich, als das Mädchen beim Versuch, alle Logengäste zu zählen, über die Lehne kippt. Kein Geheul, nur Gelächter.

Plötzlich Stille. Das Stück beginnt. Die Fröhlichkeit des Saales steckt auch die Musiker an. Jubel bereits zur Pause.

Ich komme etwas früher an meinen Platz zurück. Zwei Männer in meiner Nähe unterhalten sich auf Russisch. Über drei Bankreihen hinweg. Alles andere als fröhlich. Die Tonlage wird aggressiv. Sie werden erst durch das zurückkehrende, schnatternde Publikum unterbrochen. Der Zauber der Aufführung umfasst mich wieder. Ich vergesse den Vorfall.

Nach unzähligen Vorhängen drängen alle zu den Garderoben. Auf einmal stehe ich neben den beiden Streithähnen. Jetzt lachen und scherzen sie. Schulterklopfen. Ich frage sie – auf Deutsch –, was ihnen denn die Pause so verhagelt hätte. Es ist ihnen merklich unangenehm. Einer brummt:

»Schauen Sie, wir haben beide Bekannte auf der Bühne. Ich bin Ukrainer.« Er deutet auf den anderen. »Er ist Russe. Wir haben uns wegen Zelensky gestritten. Sie wissen, wer Zelensky ist?« Leicht indigniert nicke ich mein Klugscheißernicken.

»Die Tänzerinnen haben ihm ihre Karriere zu verdanken«, sagt der Russe.

Nun erinnere ich mich. Der russische Direktor des Bayerischen Staatsballetts war im letzten Frühjahr zurückgetreten. Sein Nachname: Zelensky. Er soll zudem mit einer Tochter Putins liiert sein. Durch Kritik am Krieg war er nicht aufgefallen.

»Sind wir an einem Tag wie heute nicht alle eine Familie?« Der Ukrainer wendet sich der Dame an der Garderobe zu und lässt mich mit seiner Frage verdattert zurück.

Die Abendnachrichten spiegeln eine andere Wirklichkeit. Eine unversöhnliche. Unser Land diskutiert über den Leopard 2.

PS: Gespielt wurde übrigens »Ein Sommernachtstraum«. In der magischen Inszenierung von John Neumeier. Ein Gassenhauer. Eine Realitätsflucht.

III

Eltville am Rhein.

Ein beißend kalter Tag. Wir tragen meine Großmutter zu Grabe. Sie war 102 Jahre alt, als sie sanft gehen durfte.

Eltville. Kindheitserinnerungen. Die Spaziergänge am Rhein. Meistens geliebt, manchmal verachtet. Schwarzangeln mit Nylonschnur und Wurm. Flache Steine über das Wasser springen lassen. Meine soffen immer nach zwei Hüpfern ab. Wettessen in der Eisdiele. Wettspeien am Abend. Die Alternativen dieser Zeit waren nicht Disney Channel oder Nickelodeon. Auch kein Handy oder IPad. Sondern andere Kinder, ein vorgelesenes Buch oder schlicht unsere Fantasie(un)begabung.

Kindheitserinnerungen formen Sehnsuchtsorte. Nicht immer Realitäten. Ein Wettlauf zwischen Verdrängung und Verklärung. Jahre später, bei der Rückkehr an diese Orte, wachsen im Gedenken manche

Menschen zu Riesen. Häuser, Räume und Plätze schrumpfen hingegen. Die Kirche der Trauerfeier hatte für mein kindliches Empfinden immer Kathedralengröße. Wie viel kleiner sie doch heute war! Selbst der Fluss wirkt schmaler, die ehemals mächtigen Schwäne sind plötzlich so groß wie überall anders auch.

Aber es gibt noch zwei Buchläden in der Fußgängerzone des Städtchens. Hessische Widerborstigkeit gegen Amazon.

Meine Großmutter wurde 1920 geboren. Sie war eine fromme Frau. Der Niedergang der Kirchen in unserem Land hat sie bewegt. Nicht erschüttert. Als ich ihr vor Jahren einmal »kritiklose Kirchenbindung« vorhielt, korrigierte sie mich milde. Das treffe nicht zu. Und sie sei optimistisch. Wenn die Stürme wieder zunähmen, würden die Menschen den Weg zurück in die Gotteshäuser finden.

Die vergangenen Jahre formten Ängste: Pandemie, Krieg, Inflation, Klimawandel. Und die Kirchen? Sind im öffentlichen Bewusstsein eher Skandalmagnet. Nicht mehr Menschenmagnet. Erstmals seit Jahrhunderten ist die Mehrheit der Menschen in unserem Land nicht Mitglied in einer christlichen Kirche. Die Zahl der Kirchenaustritte ist beispiellos. Über 900.000 Menschen wandten sich im Jahr

2022 ab. Die katholische Kirche verlor rund 522.000 Mitglieder, die protestantische Kirche rund 380.000. Optimismus allein wird für eine Gesundung nicht mehr reichen.

Meine Großmutter hatte neun Kinder. Einer ihrer Söhne ist Stadtdekan in Frankfurt. Er leitet den Trauergottesdienst und übergibt seine Mutter liebevoll in die Obhut Gottes. Die Reflexion ihrer Hoffnung. Nur einmal meine ich, seine Stimme brechen zu hören. Als er das Evangelium vom Tag ihres Todes erwähnt. Es enthält (zufällig?) eine wunderbare Stelle: »Und [Jesus] trat zu ihr, ergriff sie bei der Hand und richtete sie auf« (Mk 1, 31). Man muss nicht glauben, um sich hiervon berühren zu lassen.

Ich stehe am Grab und bin dankbar, melancholisch und traurig. Sie hatte uns Kindern vor vielen Jahren einen Satz mitgegeben, der dem Glück seine Flüchtigkeit zu nehmen wusste. »Egal, wie schwer euer Groll sitzen mag, geht immer versöhnt schlafen.« Schlichtheit und Tiefe müssen sich nicht ausschließen.

IV

Vergangene Woche, zwei Zugfahrten:

1. Februar. Der letzte Tag Maskenpflicht. Ein Fanal? Mindestens ein Spiegelbild deutscher Inkonsequenz. Weshalb ausgerechnet der 2. Februar als Feiertag der Geduldigen, Genervten und Querulanten gewählt wurde (und nicht der Monatswechsel), ist so nachvollziehbar wie Flugreisen von Klimaklebern.

Neugierig laufe ich durch den Zug. Vordergründig, um den Speisewagen zu erreichen. Tatsächlich, um kurze Momente der Anarchie zu erleben: Dieses Gefühl, 100 Meter vor Aufhebung der Geschwindigkeitsbegrenzung Gas zu geben.

Ich werde nicht enttäuscht. Einige Masken baumeln demonstrativ an der Halterung der Klapptische. Der Gesichtsausdruck der Maskenlosen ist gelebte Renitenz. Zwei Schüler versuchen sich mit den Gummizügen im Maskenweitschießen. Einer filmt, einer schießt: »Unser letztes TikTok-Video mit dem Mauldäschle.« Eindeutig Schwaben.

Der Humor der Zugbegleiterin hält sich in Grenzen: »Sie können Ihr letztes Video am nächsten Bahnsteig drehen. Und Ihre Maultasche vom Hut der älteren Dame nehmen.« Diese hatte nichts bemerkt.

Nächster Waggon. Jemand telefoniert. Laut, mit Maske. Adressatin ist offenbar seine Assistentin Heike. Der Großraumwagen wird Zeuge seiner Eheprobleme, eines geplatzten Deals und einer Diskussion über die Notwendigkeit einer Darmspiegelung. Einem Mitreisenden platzt der Kragen. Er plärrt über drei Sitzreihen, ob es auch leiser ginge. Der andere brüllt zurück, für Menschen wie ihn gebe es die Ruhezone. Es wird still. Heike hat wohl aufgelegt.

Angekommen im Speisewagen. Die Verkaufsschlager sind weder Currywurst (vegan) noch Twix. Sondern Masken: »Ich dachte, die bräuchten wir heute nicht mehr.«

4. Februar. Der dritte Tag ohne Maskenpflicht. Beim Einsteigen niest mir einer ins Gesicht, ein anderer hustet sich die Lunge aus dem Leib. Wunderbar. Ich krame eine Maske aus der Jackentasche.

Der Zugbegleiter betritt gut gelaunt den Großraumwagen und fast alle greifen wie auf Befehl nach ihrem Getränk. Das Maskenvermeidungsritual der letzten beiden Jahre. Gewohnheit kennt kein Entkommen, auch ohne schaukelnde Maske am Ohr. Die Stimmung im Zug scheint ruhiger, höflicher.

Bis zu dem Zeitpunkt, da ein kleiner Junge zu den Sitzen seiner Familie zurückkehrt. Er hatte darauf bestanden, allein auf die Toilette zu gehen, mit Maske und Kopfhörern. Nun ist einer der Airpods seiner Mutter ins Klo gefallen. Großes Gezeter. Heiterkeit im Zug. Aber wenig Mitleid. Es verwundert nicht, dass es für das Wort Schadenfreude keine englische Übersetzung gibt.

Und die Pandemie? Mehr als 166.000 Tote in Deutschland. Long Covid wird uns begleiten. Vom früheren Gesundheitsminister Jens Spahn gibt es einen Buchtitel: »Wir werden einander viel verzeihen müssen«. Ob er seine Mitmenschen überschätzt, wenn es um die Kunst des Vergebens geht? Die *New York Times* berichtet über alarmierende neue Entwicklungsstränge der Vogelgrippe. Wir scheinen wenig vorbereitet. Wieder einmal.

Ankunft München Hauptbahnhof. Irgendwo trällert Miley Cyrus ihr neues Lied.

V

Mittwoch. 8. Februar. Irgendwo in Deutschland. Ein Kiosk. Neben dem Metallgestell mit den Tageszeitungen verharrt eine Gruppe junger Männer. Schweigend. Einer hat die *Financial Times* herausgezogen. Ihnen stehen die Tränen in den Augen. Ich trete hinzu und sehe das Titelfoto.

Das Bild ist kaum zu ertragen. Zunächst sieht man nur einen Trümmerhaufen, in dem ein Mann mit orangenem Anorak sitzt. Er kauert neben den Resten eines Bettes. Seine Hand liegt auf der Matratze. Erst wenn man genau hinsieht, bemerkt man, dass Mesut Hancer eine andere Hand hält. Die seiner 15-jährigen Tochter Irmak. Sie ist tot. Unter den Trümmern. Das Erdbeben in der Türkei und Syrien hat dieses junge Mädchen aus dem Leben gerissen. Ein Bild, das Verzweiflung und Liebe vereint. Und doch nur Entsetzen atmet. Ein Bild, das jeden Anflug von Hoffnung verstoßen hat. Es geht um die Welt. In mir schreit alles auf.

Und wir? Eine Aufmerksamkeitsgesellschaft. Hilfsbereit und betroffen. Aber getrieben von Momenten. Vom Bild des Augenblickes. Bevor es der nächsten Aufregung weicht. Nur weniges brennt sich dauerhaft ein. Auch in der Ukraine werden täglich letztmalig Hände unter Trümmern gedrückt. Vor Kurzem in Pakistan. Von Eritrea oder Äthiopien ganz zu schweigen – im Wortsinne. Auch hier gab und gibt es Bilder. Den Weg auf die Titelseiten finden sie kaum. Oder nicht mehr. In dieser Hinsicht sind wir Verdrängungsgesellschaft. Gnadenlos interessengeleitet.

Die Männer am Kiosk sind Syrer. Ein Arzt, zwei ehemalige Medizinstudenten, ein Ingenieur. Sie wollen zu Hause helfen. Und stehen zwischen ihren Welten. In beide Richtungen mit gebundenen Händen.

Am Montagabend hatte Zubin Mehta in München die 7. Sinfonie von Bruckner dirigiert. Ein Stück gegen jede Vergänglichkeit von Bildern. Insbesondere der zweite Satz (Adagio). 1881 unter dem Eindruck des verheerenden Wiener Ringtheaterbrandes geschrieben. Vielleicht bedarf es der Weisheit eines 86 Jahre alten Maestros, um Hoffnung nicht welken zu lassen. Er konnte kaum noch gehen, aber es genügten ihm kleinste Bewegungen, um das Adagio zu einem zutiefst bewegenden Trauermarsch zu formen.

VI

Sonntagmorgen. Ich blinzele aus dem Fenster in einen klaren Winterhimmel. Ein Ballon tanzt vorbei. Einer der teuren. Silberglänzend, mit Helium gefüllt. Motiv: ein Mops. Er entschwebt mit wohlgenährtem, zufriedenem Gesichtsausdruck. Weshalb er mich an kirchliche oder parteipolitische Würdenträger erinnert, vermag ich nicht zu sagen. Es kann dem Sonntag geschuldet sein, der heutigen Abgeordnetenhauswahl in Berlin oder nur meinem schlechten Charakter.

Womöglich schauen ihm traurige Kinderaugen hinterher. Eine kurze Nachlässigkeit – und die Schnur entgleitet den Händen. Vielleicht sind es aber auch freche Kinderaugen. Mit anklagendem Blick auf hilflose Eltern, die den Ballon nicht mehr zu fassen bekamen. Zielsetzung der kleinen Perfidie: Spiderman statt Mops. Sofort.

Dieser Februar weckt zahlreiche Ballonassoziationen:

Die Amerikaner schießen ein weißes chinesisches Objekt vom Himmel. Einen Ballon. Sinnbild transpazifischer »Wiederannäherung«.

Ein New Yorker Shortseller benennt sich nach dem Luftschiff »Hindenburg« und steuert in die Investmentseifenblase eines indischen Tycoons. Binnen einer Woche verliert die Adani Group in ihrer Bewertung etwa 110 Milliarden Dollar. Laut IWF hatten 129 Staaten vergangenes Jahr ein niedrigeres Bruttoinlandsprodukt.

In der Türkei ringt ein Autokrat mit seiner Hybris und der Last der Trümmer, nicht nur im Lichte einer mutmaßlichen Veruntreuung der Erdbebensteuer.

Beim Aachener »Orden wider den tierischen Ernst« führen deutsche Spitzenpolitiker ihre aufgepusteten Egos und die Illusion geistreichen Humors vor.

Anmaßende Metaphern? Keineswegs, ich bin selbst einmal ein bunter Ballon gewesen, der gar nicht hübsch genug platzen konnte. Der Knall tat mir gut. Auch der schmerzhafte, aber heilsame Aufprall.

Montagmittag. Der Mops wirkt nach. Den Luftballonstand am Marktplatz hätte ich sonst nicht wahrgenommen. Im Angebot sind fast ausschließlich Motive zum Valentinstag. Der Tag, an dem Verliebtheit bedrohlich werden kann. 20 Millionen Rosen werden hierfür nach Deutschland eingeflogen. Wo ist eigentlich die Empörung über den CO2-Abdruck von schlechtem Gewissen?

Ein Paar steht vor der schwankenden Phalanx rosaroter Heliumherzen. Beide wirken unentschlossen. Er tastet in seinen Manteltaschen nach Kleingeld. Sie lächelt ihn an: »Lass es sein. Immer ein Scheißmoment, wenn der Ballon dann zu Boden fällt.« Verlässlich. Die Luft geht ihm spätestens am 15. Februar aus. Wie die Romantik.

In Berlin platzte am Abend zuvor der Traum vom politischen Anstand. Einmal mehr. Wahlverlierer versuchten, sich mit waghalsigen Koalitionsturnübungen an den Zinnen der Macht festzukrallen. Man blies zwar keine Ballons auf, aber die Backen.

VII

Letzte Woche. Die Tochter eines alten Bekannten ruft mich an. Ihr Vater liege im Sterben. Ein Hospiz in den USA. Ob wir einen Videocall machen könnten.

Mir versetzt es einen Stich. Ich habe ihn vor Jahren zuletzt gesehen. Allzu oft schienen andere Dinge wichtiger als die Pflege dieser Freundschaft. Als ich der jungen Frau mein schlechtes Gewissen offenbare, sagt sie: »Erstaunlich, aber mein Vater klang ganz ähnlich. Ich soll Ihnen sagen, er hat Sie nicht vergessen.« Ich bin beschämt.

Er war erfolgreich. Geschäftsmann und Philanthrop. Immer umgeben von Schwärmern und Vorteilsbedachten. Doch am Sterbebett zerfließen Privilegien und Aufmerksamkeit. Einsamkeit zeigt ihre Fratze. Sie formuliert die Frage: War es das wert? Mich streift ein scheuer Gedanke an die eigene Familie.

Ich wähle mich ein. Meine Beklemmung weicht, als ich in ein strahlendes Gesicht blicke. Es spottet der Ausweglosigkeit der Situation. Ich frage ihn, weshalb er gerade den treulosesten seiner Freunde sprechen will. Er geht nicht darauf ein. Ob ich etwas weniger betreten schauen könnte. Im Übrigen seien die Drogen, die er hier bekäme, ein wunderbarer Kontrast zu seinem grauenvoll asketischen Leben.

Er will mit mir über drei Dinge reden. Zunächst, wie er mit seinem digitalen Nachlass umgehen sollte. Wer erhält Zugang zu den Daten, E-Mails, Kryptowährungen? Sollen Social-Media-Accounts geschlossen werden oder nicht? Ohne Regelung ein Alptraum für die Hinterbliebenen. Während er sich an meinen Erklärungspirouetten erfreut, merke ich, er hat seine Entscheidung längst getroffen.

Anschließend Weltpolitik. Er sorgt sich um die Sicherheit seiner Kinder und will wissen, wie ich die aktuellen Krisen einschätze. Seine Replik mag der Klugheit eines Sterbenden geschuldet sein: »Wir haben bei allen Konflikten die Unvollkommenheit des Menschen aus dem Blick verloren. Die Lösungen liegen nicht in der Überwindung, sondern der Anerkennung derselben.«

Zuletzt: Wir teilen eine Passion für Rauhaardackel. Ein Wesen, bei dem Größe und Selbstbewusstsein in einem auffälligen Missverhältnis stehen. Er richtet die Kamera auf das Fußende seines Bettes. Dort sitzt Frederick, genannt Fritz. Mein Freund stellt fest: »Dieser Hund kennt weder Zukunftsängste noch leidet er unter seiner Vergangenheit. Irgendwann stirbt er, ohne sich je vor dem Tod gefürchtet zu haben. Mein Lehrmeister.« Wir haben immer Dackelgeschichten geteilt und uns feixend eine höhere gesellschaftspolitische Relevanz der Vierbeiner gewünscht. Diesen Wunsch kann ich ihm heute erfüllen. War es doch Dackelscheiße, die ein unsäglicher Ballettdirektor in Hannover einer Kritikerin der *FAZ* auf die Wangen schmierte. Es löste eine heftige Debatte über das Verhältnis von Künstlern und Rezensenten aus. Wie der Dackel dazu steht, ist bislang nicht bekannt.

Mein Freund wird müde. Wir beenden das Gespräch.

Es war unser letztes. Nach so vielen Jahren des Schweigens.

Gestern ist er gestorben. Seine Tochter und Fritz waren bei ihm.

VIII

Vergangene Woche. Ein Spaziergang durch den Vorort einer badischen Kleinstadt. Der Himmel strahlend blau. Vogelgezwitscher. Frühlingshafte Temperaturen und dörfliche Nachmittagsklischees: Ein Rentner putzt sein Auto. Zweifellos liebevoller als sich selbst. Bei der Freiwilligen Feuerwehr wird eine Feier vorbereitet. Die hierfür verantwortlichen Kameraden werden nicht daran teilnehmen. Sie sind bereits jetzt so betrunken, dass sie den Wimpel eines Bundesligaklubs umgekehrt an die Wand hängen. Vielleicht entgeht mir aber auch eine tiefere Symbolik. Ein Bub pinkelt hinter dem Kriegerdenkmal. Dem Vater ist es gleichgültig.

Zwei Frauen sind in ihren Gärten mit der Pflege der Winterbeete beschäftigt. Und ihrer Vorurteile. Sie sind laut. Vernehmlich erregt.

»Wir sollten eigentlich nach Berlin fahren und die Sahra Wagenrad bei ihrer Demo unterstützen.«

»Wagen-knecht, Brigitte. Aber lass mal sein. Unsere Politiker laufen doch sowieso dem Kriegstreiber aus Kiew hinterher.«

»Und den Amerikanern. Dem Markus Lanz hat sie es aber gestern gezeigt.«

»Wer?«

»Die Wagenrad.«

»Als hätten wir nicht andere Probleme als diesen Krieg, Brigitte.«

Alltagszynismus. Kühl und wohlstandsbesorgt. So weitverbreitet wie der Hochmut, der durch unsere Debatten schwingt. Respektvolles Nachdenken über Gegenargumente weicht allzu oft der Lust an der moralischen Überhöhung. Egal, welcher Meinung man anhängt. Für einen Moment überlege ich, ob ich Brigitte und ihre Nachbarin ansprechen soll. Aber ich bin zu bequem. Oder zu feige. Ich murmele in mich hinein: »Wenn Sie in Ihren hübschen Gärten schon der ukrainischen Argumentation nichts abgewinnen können, lesen Sie wenigstens Habermas.« Der 94-jährige Philosoph bietet in seinem Verhandlungsplädoyer auch keine Lösung, schreibt aber immerhin ohne politisches Karrierekalkül. Die beiden Frauen hören mich nicht. Und angesichts ihres Dialogs war Habermas vermutlich ein eher idiotischer Gedanke.

Als ich weitergehe, erinnere ich mich an eine Begegnung im letzten Sommer. Auch damals ist der Himmel strahlend blau. Vogelgezwitscher. Ich sitze bei einer alten Dame neben den Stufen eines Hauseingangs. Wir schauen auf ein zärtlich gepflegtes Blumenbeet. Hier gibt es keine Nachbarin. Keinen Nachbarn. Niemand.

Auch das Haus hinter den Stufen gibt es nicht mehr. Wir sind in Butscha. Ukraine. Sie erzählt von den Stunden, in denen sie ihren toten Sohn in den Armen hielt. Sie ist allein, hat nichts außer der Erinnerung, die Blumen und einen Birnbaum. Inmitten der Trümmer. Sie kommt jeden Tag. Für die Blumen und den Birnbaum. Ich sage ihr, dass in jeder Blüte ihr Sohn fortleben würde. Ihr leerer Blick spiegelt die Hilflosigkeit meines Satzes.

Ich mache kehrt und erzähle den beiden Frauen von Butscha. Unbewegte Gesichter. Schließlich räuspert sich Brigitte:

»Ach, dann sind Sie auch so ein – wie hat das gestern die Wagenrad genannt – Kriegstourist?«

In ihrem Garten, ganz hinten, steht ein Birnbaum.

IX

Vorletzte Woche. Eine Apotheke in Hessen. Ich benötige eine Salbe gegen Verbrühungen, ein Nudeltopf war mir umgekippt. Eine längere Warteschlange. Auf Privatsphäre kann hier niemand hoffen. Stattdessen die ungewollte Rolle eines Wehwehchen-Voyeurs.

Ein Mann fragt den Apotheker, welches Hämorrhoiden-Mittel er empfehlen würde. Während die meisten Kunden verlegen auf ihre Schuhe schauen und ein Mädchen von seiner Mutter wissen will, was »Hemmofrieden« seien, kräht von hinten eine betagte Dame, sie hätte exzellente Erfahrungen mit der M…-Creme gemacht. Der Apotheker stimmt zu. Unterdessen erklärt die Mutter ihrer Tochter sehr anschaulich das Krankheitsbild.

An der zweiten Ladentheke geht es nicht vorwärts. Ein älterer Herr kramt in allen Taschen. Er wirkt verwirrt. Er wüsste nicht mehr, wo das Rezept sei. Die Apothekerin behandelt ihn liebenswürdig und aufmerksam.

»Kommen Sie bitte morgen wieder, Herr S. Heute waren Sie doch schon viermal hier.« Sie gibt ihm ein paar Taschentücher und einen Proteinriegel.

Der nächste Kunde raunzt: »Geht Ihnen bei so einem nicht die Hutschnur hoch?« – »Nein. ›So einer‹ ist immer noch ein Mensch, seit einigen Wochen allein und verdient die gleiche Ansprache wie Sie.« Hinten Applaus. Ich glaube, es war die Dame mit der M…-Creme.

Vor mir flüstert eine Frau etwas über die Theke.

Der Apotheker hat sie nicht verstanden: »Wie bitte?«

Sie flüstert erneut.

»Ach so. Das sind Antidepressiva. Leider verschreibungspflichtig.«

Mit gesenktem Kopf verlässt die Frau die Apotheke. Peinlich berührt.

Einige Tage später. Ein Abendessen in New York. Drei Managerinnen. Zwei Künstler. Ein Investor. Eine Journalistin. Alle erfolgsverwöhnt. Nach den üblichen, verlogenen Begrüßungsfloskeln nimmt der Abend eine Wendung. Das Gespräch wird unerwartet ehrlich. Wir reden über unser Seelenleben. Über Depressionen, Panikattacken und Verlustängste. Die Debatte ist zugewandt, offen, sogar humorvoll. Jeder teilt seine Erfahrungen, eine Anekdote oder die Empfehlung für einen guten Psychiater – den »Shrink«. Das Einräumen seelischer Verletzungen ist in den USA salonfähig.

Wir sind hingegen bestenfalls Entwicklungsland. Über Scheitern spricht man bei uns nicht gern. Allzu oft aus Angst vor Häme und Stigmatisierung. Lieber erfreut man sich an der Not der anderen als an der Überwindung der eigenen. Dabei leiden in Deutschland knapp 28 Prozent der Bevölkerung an einer psychischen Erkrankung. Das sind etwa 17,8 Millionen Menschen.

Auch mir sind Depressionen nicht fremd. Ihr Verdrängen hat mich wahrscheinlich noch untauglicher für die große Politik gemacht, als ich es ohnehin schon war. Erst langsam beginnt man in unseren Eitelkeitsblasen von Politik, Wirtschaft und Medien zu begreifen, dass ein Bekenntnis zu seelischen Erkrankungen kein Zeichen von Schwäche sein muss.

Wenigstens müssten wir dann nicht mehr flüstern.

X

Montagmorgen. Ein Flug von New York nach Austin. Spät gebucht, Mittelplatz. Die linke Armlehne fällt dem Gegenbeweis amerikanischer Schlankheitsideale zum Opfer. Joshua, so stellt er sich vor, wiegt mindestens 150 Kilo und hat eine Stimme, die mühelos bis in die letzten Reihen trägt. Noch vor dem Abheben öffnet er mit einem tiefen Seufzer die Papiertüte einer bekannten Burgerbraterei.

Hierfür interessiert sich auch Rupert, dessen Kopf auf meiner rechten Armlehne ruht. Rupert ist ein sogenannter Assistenzhund, der auf dem Schoß seines Frauchens sitzt und erbärmlich aus dem Maul stinkt. Er lässt mich mit einem Knurren wissen, wie sehr er meinen Ellbogen schätzt. Frauchen meint, Rupert würde mental unter einer Verbannung in den Fußraum leiden. Ich verbeiße mir die Frage, wer hier eigentlich wem assistiert.

20 Minuten später. Joshua hat aufgegessen. Es riecht penetrant nach Zwiebeln. Ich bemerke einen Aufkleber der Waffenlobby NRA auf seinem Laptop. Eine Organisation, die seit Jahren Zynismus in perfide Höhen treibt. Weshalb ich ausgerechnet auf einem Flug nach Texas eine Debatte über die amerikanische Waffenobsession anzetteln muss? Ich könnte auch die Klappe halten. Das Resultat ist jedenfalls ernüchternd.

Fakten wie die atemberaubende Zahl von 100 »mass-shootings« in den ersten Monaten dieses Jahres werden abgebügelt. Ebenso der lachhaft regulierte Zugang zu (Kriegs-)Waffen. Meist mit Verweis auf die Maxime individueller Freiheit. Andere Fluggäste mischen sich ein. Wo ich denn herkäme? Aus Deutschland? Wo wir uns »Waffen« auf vier Rädern ohne Geschwindigkeitsbegrenzung leisten würden – auch mit dem Verweis auf die individuelle Freiheit.

Meine Nachbarin zur Rechten hat sich inzwischen die dritte Bloody Mary bestellt. Zehn Uhr vormittags. Rupert nimmt ihr Abdriften stoisch hin. Neben dem Cocktail seines Frauchens steht eine orangefarbene Pillendose. Ich schiele indiskret auf die Beschriftung. Oxycodon. Höchstes Suchtpotenzial. Frauchen mag sehr krank sein. Oder ein weiteres, bitteres Opfer der Opioidkrise. Ich kenne das Medikament. Eines Tages war ich der Meinung, meine Midlife-Crisis mit

Springreiten bekämpfen zu müssen. Ich fand mich in einem US-Krankenhaus wieder, fröhlich lallend unter der Decke schwebend. Selten war ich – trotz zahlreicher Knochenbrüche – so euphorisch. Ohne die Fürsorge meiner Frau würde ich wohl heute noch lallen. Indes ohne Euphorie und Perspektive. Sie nahm mir unverzüglich die vom Arzt verschriebene Dose mit 87 (!) Pillen Oxycodon weg.

Kurz vor der Landung in Austin unternehme ich noch einen Versuch: »Worauf vertrauen Sie? Auf die Klugheit der Menschen?«

»In God we trust«, sagt Joshua. Einfalt, gegen die kaum ein Kraut gewachsen ist.

Ich muss in diesem Moment an einen Text der Band »Rosenstolz« denken:

»Der größte Trick, den der Teufel je hatte,
ist, dass er die Welt hat glauben lassen,
dass es ihn nie gab.
Und das ist nicht wahr
Selbst das ist nicht wahr.«

Wenige Tage später erreichen uns die Bilder von einem Amoklauf in Hamburg.

XI

Sonntagabend. Zu Hause. Zurück aus Los Angeles. Hellwach, an Schlafen ist nicht zu denken. Vor wenigen Jahren hatte ich neun Stunden Zeitunterschied noch routiniert weggesteckt. Wirklich? Unsinn, das habe ich lediglich immer behauptet. Maßlose Prahlerei in gewissen Runden. Die tatsächliche Routine war ein Mix aus Melatonin und Schlafmitteln. Hat mir ebenso wenig gutgetan. Dabei könnte man den Small-Talk-Konventionen des Spitzenpersonals in Wirtschaft und Politik auch anders genügen. Ohne ein Fässchen Weihrauch. Oder fernbleiben.

Gedanken, die mich dem Schlaf nicht näherbringen. Eigentlich ein guter Moment, um sich mit einem Glas Rotwein wieder einmal an Marcel Proust zu versuchen. Auch so ein Angeberthema: »Selbstverständlich gelesen.« In Wirklichkeit stecke ich seit Jahren im vierten Band von »Auf der Suche nach der verlorenen Zeit« fest. Eine Stunde später übertrifft die Zahl der geleerten Weingläser (zwei) die Proust'schen Seiten (eine). Weiter hellwach. Immerhin habe ich keine weitere Zeit an den Schlaf verloren. Ein Pyrrhussieg.

Die Übersprungshandlung weicht nun dem Klischee. Ich starre mit tellergroßen Waschbäraugen auf den Fernsehschirm. Zunächst teilnahmslos. Dann reflexhaftes Zappen. Schließlich bleibe ich bei der Oscar-Verleihung hängen.

Dieses Jahr ist der rote Teppich beige. Der pflichteifrige Kommentator nennt es euphemistisch »champagnerfarben«. Eine hinterhältige Falle für einige Celebritys, die sich bereits lange vorher ihre Kleider für den roten Bodenbelag haben schneidern lassen. Manche davon im Champagnerton.

Die Kunstfigur Lady Gaga betritt den Teppich. Geschminkt. Akribisch geflochtene Haare. Schrill. In einer verwegenen Robe. Hinter ihr stolpert unversehens ein Fotograf. Er liegt auf dem Rücken, rappelt sich auf, ohne dass sich eine helfende Hand gerührt hätte. Allein Lady Gaga dreht sich um, eilt zu ihm und fragt, ob es ihm gut ginge. Ihre Maske bricht angesichts ehrlicher Besorgnis.

Später. Irgendwann steht die Künstlerin Lady Gaga auf der Bühne. Plötzlich ungeschminkt. T-Shirt. Löchrige Jeans. Normal. Sie singt und entspricht keinem der Schönheitsideale dieses Abends. Und ist schöner als alles Gebotene. Schön, verletzlich, maskenlos. Sie erhebt sich nicht über andere. Sie zeigt sich mit all ihren Schwächen und in ihrer Unperfektheit und ist damit so viel stärker als die geballte Häme unserer Gesellschaften.

»You might find that you can be your own hero, even if you feel broken inside.«

Der Mensch Lady Gaga tritt ab. Das Publikum feiert sie – und seine eigene Illusion. Es beklatscht Lady Gaga. Oder unbewusst seine eigene Schwäche.

Und natürlich wird es auch jene geben, die nur eine Inszenierung sehen wollen. Wie immer.

Irgendwann bin ich dann im Sessel eingeschlafen. Seit Langem bereits demaskiert.

XII

Dienstag. Nachmittag. Ich besuche einen alten Weggefährten in seinem Münchener Büro. Nein, »Weggefährte« wäre anmaßend. Er ist mehr als 30 Jahre älter. Vielmehr hat er einige Wege geebnet.

Zuletzt war ich vor mehr als zehn Jahren hier. Er hat mich immer warten lassen. Nie aber hat er es versäumt, mich seinen vorherigen Gästen vorzustellen. Ein begnadeter Netzwerker. Seine Büroräume waren eine Drehtüre für selbst ernannt und tatsächlich Bedeutungsvolle. Die Einrichtung ist sogar für Münchener Verhältnisse mondän. Erfolgsbewusst und statusgetrieben. Bilder mit den Wichtigen. Manchmal eine Widmung. Urkunden.

Man bittet mich zu warten. Natürlich. Aber etwas ist anders. Es ist ruhig. Zu ruhig. Außer der Dame am Empfang ist niemand zu sehen. Im Hintergrund läuft eine Klassik-Playlist. Ausschließlich Beethoven.

Von der unvermeidlichen »Für Elise« zur mäßig interpretierten »Eroica«:

Die Tür schwingt auf. Ein dröhnendes »Hallo«. Umarmung. Wie früher. Nur kein vorheriger Gast, den er mir vorstellen könnte. Er wirkt gealtert, müde. Schon lange müsste er nicht mehr arbeiten. Die Verantwortung für das Tagesgeschäft ist längst abgegeben.

»Warum gehst du überhaupt noch ins Büro?«, frage ich ihn.

Ich erwarte eine selbstbewusste Antwort, wie etwa: »Ich werde hier noch gebraucht.« Stattdessen Schweigen. Lange.

Schließlich sagt er: »Weil ich sonst so gotterbärmlich einsam bin. Ich ertrage es nicht, allein zu Hause zu sitzen.«

Er kenne seine Kinder und Enkel kaum. Sie würden ihn meiden. Zwei Familien der Karriere geopfert. »Mit meiner dritten Frau war ich glücklich. Dann der verdammte Krebs. Und ich stelle fest, da ist keiner mehr. Nichts. Hier habe ich wenigstens die Erinnerung und gelegentlich Gäste wie dich.«

Wir sprechen etwa eine Stunde, scherzen, tauschen Anekdoten aus. Ich verabschiede mich. Er starrt auf die kalte, leere Platte des Schreibtisches. Früher standen hier Fotos seiner (jeweiligen) Familie. Der Tisch würde ihn an einen Obduktionstisch erinnern. Eine schauerliche Metapher. Fehlt nur noch Beethovens

Fünfte aus den Lautsprechern im Flur. Es wird uns erspart.

Zwei Tage später rufe ich ihn an. Ob ich seine Geschichte anonym teilen dürfte. »Erzähle sie. Vielleicht bringt sie jemanden zur Besinnung.« Er hält kurz inne: »Ich habe alles erreicht und alles versäumt. Euch bleiben noch ein paar Jahre. Macht es anders.«

Freitag. Velden am Wörthersee. An der Promenade eine Büste von Roy Black. Ich glaube, sie wurde bereits mehrfach geklaut. Es gibt elegantere Briefbeschwerer. Bürgerlich hieß der Schlagersänger und Schauspieler Gerhard Höllerich. Ein Bühnenleben auf der Überholspur. Gleißendes Scheinwerferlicht. Aber immer ein Rollenspiel. Irgendwann der Verlust der Authentizität. Die Leere im Herzen. Der Spott. Die Aufmerksamkeitssucht. Der Alkohol. Er wurde gerade einmal 48 Jahre alt.

Von Beethoven über meinen Bekannten zu Roy Black: drei Ikonen erfolgsverwöhnter Verlassenheit. Eine seltsame Woche.

XIII

Donnerstagvormittag. Berlin Mitte. Ein Spielplatz, auf dem vor vielen Jahren unsere Kinder tobten. Manchmal führt mich eine merkwürdige Romantik an solche Orte zurück. Vielleicht auch Melancholie.

Die Hauptstadt zeichnet an diesem Morgen ihr Antiklischee. Ein Angestellter des Straßen- und Grünflächenamtes sorgt für nahezu sterile Gepflegtheit. Im Sand liegen bunte Plastikschaufeln statt Heroinspritzen. Der lustige Hundehaufen-Slalom zu den Klettergerüsten ist Geschichte. Ebenso die morgendlichen Bierdoseninstallationen im umliegenden Park. Fröhliches Kinderkauderwelsch. Vielsprachig. Mehr Väter als Mütter auf den Bänken. Vielleicht sind es auch männliche Nannys. Wie gendert man eigentlich Nanny? Könnte in diesem Stadtteil einer Erwartungshaltung entsprechen.

Ein kleiner Junge steht oben auf der Rutsche. Er wirkt verunsichert. »Papa, ich hab' Angst!« Eine Person, die Papa sein dürfte, schlurft heran. Handy am Ohr. »Blödsinn, wovor hast du Angst? Die anderen haben auch keine.« Der Junge sucht die Augen des Vaters. Er klettert die Leiter wieder herunter, zittert und beginnt zu weinen. Sein Vater hat sich bereits umgedreht. »Was für ein Schisser«, lacht er ins Telefon. »Knickt jetzt bereits ein.«

Ich setze mich auf eine Bank. Ein Blick in die Tageszeitungen. Die Themen bedrücken. Potenzielle Eskalation im Ukrainekrieg. Auswüchse künstlicher Intelligenz. Bankenpleiten. Klimawandel. Der Grundtenor eines Teils unserer Gesellschaft scheint zu lauten: »Nur nicht einknicken.« Ein anderer: »Nur nicht einmischen.« Im Kern zwei Formen des Umgangs mit Angst. Ohne diese aber zu artikulieren. Diese Blöße will man sich nicht geben.

Auch ich hatte meine Ängste. Zur Genüge. Vor Versagen. Vor der nächsten Schlagzeile. Vor Charaktervernichtung. Vor den anklagenden Blicken meiner Nächsten. Vor Verlust. Manches trat ein. Vieles anders. Ich habe ein halbes Leben gebraucht, um zu verstehen, wie viel davon Selbstprojektionen anderer sind, die mich nicht berühren müssen. Gelegentlich flackert sie, die Angst, natürlich noch auf. Dann hilft der Gedanke, dass unsere Realität nie die Zukunft ist.

Ich schaue wieder auf den Spielplatz. Erneut heult ein Kind. Wütend. Es steigert sich in einen beachtlichen Jähzorn. Eine Frau, offenbar die Mutter, klappt ihr Tablet zu, steht von ihrer Bank auf und geht zu dem Kind. Seelenruhig. Kein Wort. Sie nimmt es in den Arm und drückt es fest an sich. Anfangs wehrt sich das Kind. Schreit weiter. Nach einigen Minuten nur noch vereinzelte Schluchzer. Dann ist es still. Beide verschmelzen zu einem Atemzug. Ein Bollwerk der Ruhe gegen alle Ängste.

Eine Umarmung. Das Kind ahnt noch nicht, wie flüchtig Vertrauen und Geborgenheit sein können. Es erkennt nur ihre Notwendigkeit. Manche sind ein Leben lang auf der Suche nach dieser Erfahrung. Oft unbewusst. Für andere ist es lediglich rührseliges Beiwerk. Umarmt wird allein der Erfolg. Und umgekehrt. Mephistophelisch.

Eine Umarmung. Mir fehlte sie zuweilen in meiner Kindheit. Nicht mehr.

XIV

Vergangene Woche. Mir begegnet ein leibhaftiger Büffel. In München. Er steht vor mir beim Bäcker.

»Drei Semmeln, eine Brezn!« Voralpenländisch direkt.

»Sehr gern. Wünschen Sie noch etwas?« Die freundliche Verkäuferin hat einen leichten Akzent.

»Nein!«

»Macht bitte zwei Euro sechzig. Vielen Dank. Bitte, Ihr Wechselgeld.«

Der Büffel schweigt und steckt die Münzen ein.

Die Verkäuferin lächelt: »Auf Wiedersehen und frohe Ostern.«

Kein Wort vom Büffel. Er schnaubt, geht zum Ausgang.

»Bitte! Danke! Wiedersehen! Kinderstube offenbar ausgefallen bei dem Herrn!« Ich bereue den Satz bereits, als ich ihn ausspreche. Hätte ich nur mein besserwisserisches Maul gehalten. Eigentlich wollte ich der Verkäuferin zur Seite springen. Unterschwellig ging es mir aber natürlich auch um die Bloßstellung des Büffels. Der war inzwischen bei den Schiebetüren. Jetzt fixiert er mich. Kommt zurück.

»Hast du ein Problem?«

»Nun, Ihre überwältigende Freundlichkeit. Haben Sie sich jemals für etwas bedankt?«

»Jedenfalls nicht für Deine Klugscheißerei.« Bemerkenswert schlagfertig. Hoffentlich nur in dieser Hinsicht.

Ein Mann hinter mir mischt sich ein. Maßanzug. Einstecktuch. Was der Zirkus solle. Er deutet auf mich und sagt dem Büffel, es würde sich gar nicht lohnen, sich mit so einem Grantlhuber wie mir auseinanderzusetzen. Wann es endlich hier weiterginge.

Ein Ort geballter Liebenswürdigkeit. Ich knicke schließlich ein.

Abgang Büffel. Nicht ohne mich noch mit der gängigen Bezeichnung eines gewissen Körperteils zu versehen. Klingt auf Bayerisch manchmal wie ein Kompliment. Heute nicht.

Die Verkäuferin bedankt sich bei mir. Sie wirkt nicht mal betroffen. Während ich mit meiner Semmeltüte zum Ausgang gehe, höre ich die Bestellung des schicken Hintermanns: »Bauernbrot. Geschnitten!«

Später kommt mir ein Satz von Marie von Ebner-Eschenbach in den Sinn: »Dass so viel Ungezogenheit gut durch die Welt kommt, daran ist die Wohlerzogenheit schuld.« Hierüber kann man streiten. Aber ich bin in die Falle meines eigenen Anspruchs getappt.

Die Umgangsformen in unserem Lande sind zuweilen erschütternd. Oder, um es mit Oliver Hassencamp, einem Jugendbuchautor (und gelegentlichen Aphoristiker) zu sagen: »Umgangsformen sind Formen, die zunehmend umgangen werden.« Und sich heute mit Vorliebe in »sozialen« Netzwerken verfangen.

Karsamstag. Familienostern in den USA. Ungnädig früh am Morgen. Eine populäre Kaffeehauskette. Wieder anstehen. Der Gast vor uns ist sichtlich schlecht gelaunt. Er bestellt. Brummend, aber formvollendet. Mit allen Höflichkeitsfloskeln. Die Kassiererin lacht ihn an: »Honey, you look amazing this morning.« Ohne jegliche Süffisanz. Und gleichzeitig so wunderbar entwaffnend gelogen, dass er nicht anders kann als zurückzulachen.

Den nächsten Münchener Morgenmuffel werde ich nicht belehren, sondern ihm »Honey, you look amazing« zurufen. Und mit hoher Wahrscheinlichkeit die Bäckerei mit einem blauen Auge verlassen.

XV

Vor einigen Tagen erreichte mich ein handgeschriebener Brief. Für manche eine zeitlose Form der Kommunikation. Für andere anachronistisch.

Der Brief hat eine Vorgeschichte.

Im Februar bitte ich eine alte Freundin um ein Gespräch. Wir gehen spazieren. Ich habe ein Anliegen.

»Kann ich dir etwas anvertrauen?«

»Selbstverständlich.«

»Ich bräuchte deinen Rat. Eine Einschätzung. Aber es müsste unter uns bleiben. Verlässlich.«

»Ich schweige wie ein Grab.«

Wenig später lässt mich ein Dritter wissen, was ihn an meiner Unterredung mit der Freundin irritiert hätte. Detailgenau. Das Grab hat sich als ziemlich geschwätzig erwiesen.

Eine tief sitzende, dumpfe Emotion flackert auf. Wahrscheinlich Wut. Sie gilt weniger der Indiskretion als mir selbst. Rasch weicht sie einer anderen

Gemütslage, der man bereits als Kind ausgesetzt ist, selbst oder von anderen veranlasst. Enttäuschung.

Am schmerzhaftesten spürt man diese wohl nur gegenüber Menschen, mit denen wir die stärkste und gleichzeitig brüchigste Verbindung teilen, nämlich Vertrauen. Gern sprechen wir davon, jemandem »Vertrauen zu schenken«. Eine irreführende Bezeichnung. Dann müsste man keine Gegenleistung erwarten. Vertrauen ist indes an Erwartung geknüpft. Still und unaufdringlich. Manchmal ist es die Annahme, Hilfe zu erfahren. Meist will man nicht vergessen oder, schlimmstenfalls, hintergangen werden.

Ich frage mich, wie ich mit der Redseligkeit meiner Freundin umgehen soll. Schweigen würde vermutlich unsere Beziehung erkalten lassen. Handelte es sich um einen bewussten Vertrauensbruch oder nur um einen Augenblick der Schwäche? Geschwätzigkeit als alltäglichste Form des (kleinen) Verrats. Selten böswillig.

Auch ich habe eine blamable Liste Vertrauter, die ich irgendwann bitter enttäuscht habe. So qualvoll es sein mag, war ich immer dankbar, wenn sie es mich wissen ließen. Mir die Möglichkeit gaben, zu reflektieren. Bestenfalls zu wachsen.

Ich beschließe, meine Freundin zu kontaktieren. Nicht per E-Mail oder Textnachricht. Auch kein Anruf. Zu flüchtig in der Wahrnehmung. Stattdessen die altertümlichste Variante. Ein Brief. Handgeschrieben. Freundlich im Ton. Nicht anklagend. Nur die Schilderung des Vorfalls. Und die Bitte um eine Einordnung.

Ihre Antwort lässt auf sich warten. Dann besagtes Schreiben. Sie ist berührend offen. Ihr Verhalten sei kaum zu verzeihen. Wichtigtuerei. Name-Dropping. Der schnelle Lacher auf Kosten eines anderen. Gossip Girl. Ob es denn eine Chance gäbe, verlorenes Vertrauen wiederherzustellen.

Ein Briefverkehr wie dieser mag in unserer kurzatmigen Welt wie Zeitverschwendung erscheinen. Mitnichten. Wohin allzu schnell hingerotzte, digitale »Chats« führen können, lässt sich in den Führungsetagen unserer Gesellschaft aktuell eindrucksvoll beobachten. Vertrauen und Nachsicht verkümmern dort längst zu Phrasen.

Ich freue mich auf das Wiedersehen mit meiner Freundin. Nächste Woche. Eine Umarmung. Und dann ist es auch wieder gut.

XVI

»Sie hat ihn vernichtet. Die Hauptstadt. Obwohl er sein Leben für sie aufgeopfert hat. Nein. Unseres. Ich verfluche Washington.« So beginnt die E-Mail einer amerikanischen Bekannten. Geschrieben noch vor der Pandemie.

Donnerstagnacht. Es ist erbärmlich spät, als ich mich an jene Zeilen erinnere. Ich bin hundemüde. Vor mir auf dem Schreibtisch liegt ausgerechnet ein Buch mit dem Titel »Noch wach?«. Originalverpackt. Frenetisch gefeiert als »Schlüsselroman« eines streitbaren Autors.

Ich habe mir vorgenommen, über den Hype dieses Romans zu schreiben. Eigentlich töricht. Handelt er doch von Sujets, mit denen man nur verlieren kann: Berlin. Machtmissbrauch. Verrat. Medien. Politik. Ähnlichkeiten mit lebenden Personen kokett unverschleiert. Seit Tagen Schnappatmung in der Szene.

Nicht nur unter der Spree-Käseglocke.

Im Dämmerzustand fällt mir kein geistreicher Einstieg ein. Ich suche daher nach der E-Mail meiner Bekannten. Mein Rechner findet sie. Ich nehme das Buch in die Hand, zögere aber, die Schutzfolie aufzureißen.

Mein Blick schweift zurück auf den Bildschirm: »Ein einziger Fehltritt«, klagt sie, »und sie haben meinen Mann in die Gosse getreten. Aber er stand wieder auf. Wir hatten so viele neue Pläne. Wollten weg. Endlich. Und dann verliert er sein Gedächtnis. Wir sind jetzt an diese Scheißstadt gekettet.« Sie schildert die Diagnose. Frühes Stadium der Demenz, wahrscheinlich Alzheimer. Ihr Mann will die Ärzte nicht wechseln.

Fast 40 Jahre sind sie verheiratet. Alle Extreme einer Ehe. Leidenschaft und Zweckgemeinschaft. Viele sahen sie als »power couple«. Bewundert und beneidet. Sie liebten das Wechselspiel von Macht und Intrige. Kannten die Glätte des Parketts. Und lebten in der »Bubble« Washingtons. Bis diese sie ausspie. Wie abgenagte Knochen.

Die Mechanismen wiederholen sich. In fast allen Hauptstädten. Seit unzähligen Generationen. Emotionale Intelligenz weicht animalischen Instinkten. Hyäenenhaftes Gebaren. Einmal Blut gewittert, belässt man es nicht bei der Verwundung. Die politische Savanne kennt kein Mitleid. Die meisten sind dort freiwillig.

Rituale der Macht. Der Gier. Der Eitelkeit. So auch in Berlin. Irgendwann verpuffen sie. Und formen sich rasch wieder. Hydragleich. Zudem verhält es sich wie mit Elon Musks SpaceX-Raketen: Das Abheben wird als Erfolg bejubelt. Die Explosion ebenso.

Am Freitag rufe ich meine Bekannte in den USA an und frage sie, wie sich ihr Leben heute gestaltet.

»Wir haben Glück«, sagt sie. »Er scheint zufrieden. Mich erkennt er zwar nicht mehr, dafür den Augenblick. Und ich damit mein Leben.« Wie fern und unwichtig die vor Selbstbedeutung strotzende Hauptstadt dagegen sei. »Keiner vermisst ihn. Anfangs hat mich das getroffen. Heute freue ich mich für uns. Ist das herzlos?«

Gestern habe ich das Buch weggelegt. Ungeöffnet. Vielleicht ist es großartig geschrieben. Verzichtbar ist es allemal.

Ein Sittengemälde unserer Zeit. So preist der Verlag das Werk. Dem ist nichts hinzuzufügen.

XVII

Köln, 19.00 Uhr. Hauptbahnhof. Der Zug ist »geringfügig« verspätet. Lediglich 36 min. Ich stehe im Schatten der zwei Türme. Der Dom verdunkelt, die Kirche verdünkelt und beWoelkit. Irgendwie bitter. Zwei Amerikaner streiten über den Intellekt ihres Ex-Präsidenten. Ein Obdachloser weint. Sicherheitskräfte testen die Grenzen ihres Mitgefühls. Plötzlich ein Schrei und Heiterkeit. Der FC führt 1 : 0. Nur noch 35 min. Vier mal drei Sekunden ließen das Warten vergessen. Ich beginne die Schönheit des Begriffes Gegen-wart zu begreifen.

XVIII

Mittwoch, in einer deutschen Großstadt. Es war ein Tag zum Vergessen. Ärger. Unbeendete Projekte. Anwälte. Am Auto auch noch ein Strafzettel. Für die Heimfahrt eine Liste mit vermeintlich wichtigen Anrufen. Dazu das Gefühl, dem Würgegriff der belastenden Themen nicht zu entkommen. Die eingebildete Unverzichtbarkeit. Eine hübsche Melange.

Im Autoradio die Routine eines Nachrichtensenders. Trübselig. Aufreizend tendenziös. Durchaus auf meiner Linie und doch unverantwortlich. Der Moderator verschluckt sich fast an seiner eigenen Bedeutung. Dann ein Interview. Lauernde investigative Untertöne treffen auf erbarmungswürdige Politikerphrasen. Scoop-Gier gegen Shitstorm-Vermeidung. Beide akribisch darauf bedacht, eine Erwartungshaltung zu bedienen. Zeitgemäße deutsche Dialogkultur, denke ich mir, schalte um und steuere auf die große Ausfallstraße.

Atmosphärisch passt alles an diesem grauen Apriltag. Es wirkt, als wären die einzigen Farbtupfer die roten Ampeln. Anhalten an jeder Kreuzung. Warten. Die Mienen vieler Autofahrer spiegeln das Wetter. Konturlos. Nicht heiter oder finster. Irgendwie gleichgültig. Auch die Radler und Fußgänger.

Nächste Ampel. Wieder Rot. Wieder warten. Wieder graue Mienen.

Ein Fahrzeug in der ersten Reihe aber stört. Aus ihm dringen Töne eines bekannten Songs von Billy Joel. Eher dumpf. Verschwommen. Klar vernehmlich dagegen die Stimme des mitplärrenden Fahrers:

»Sing us a song you're the piano man!«

Laut. Inbrünstig. Falsch. Kein Ton sitzt. Er muss vergessen haben, ein Fenster zu schließen. Die Stimme überschlägt sich mit jeder Oktave, die der Refrain nach oben wandert. »Sing us a song tonight.« Bitte nicht, steht in einigen Gesichtern, als der Fahrer schließlich aufblickt. Vor der Kühlerhaube ein Paar, das zur anderen Straßenseite muss. Ein Mann filmt das kleine Spektakel. Heiterkeit. Der Fahrer erstarrt. Rote Ohren, die Wangen glühen. Der Fahrer bin ich.

Endlich Grün. Ich brauche zwei weitere Ampeln, um zu begreifen, dass die einzige Peinlichkeit dieses Augenblicks mein Glaube war, einer abstrakten Erwartung genügen zu müssen.

»Thunder Road« von Bruce Springsteen. Ab der zweiten Strophe krähe ich wieder mit. Die Ohren zurück auf Normaltemperatur.

Plakate an den Laternen kündigen eine politische Veranstaltung an. Einige Poster hängen verkehrt herum. Die Jugendorganisation einer Partei muss sich hier ausgetobt haben. Vielleicht heiter bekifft in Vorfreude auf 50 Gramm Eigenbedarf und Cannabis-Clubs? Oder war es Absicht? Der Redner wirkt kopfüber jedenfalls charmanter.

Eine Kreuzung weiter. Am Straßenrand einige achtlos hingeworfene Elektroscooter. Jemand hat dem Politiker eine ansehnliche Zahnlücke ins Gesicht gepinselt. Der ähnelt nun Walt Disneys Behörnchen (das mit dem Ahörnchen).

Irgendwann, auf der Autobahn, muss ich lachen.

Erstaunlich, welchen Wert wir dem Bild einräumen, das sich andere von uns machen (wollen).

Queen, Bohemian Rhapsody.

»Oh mamma mia, let me go!«

Loslassen.

»Any way the wind blows …«

Manches ist so wundervoll bedeutungslos. Am meisten gelegentlich wir selbst.

XIX

Gestern. Eine Flughafenlounge. Auf allen Bildschirmen der Krönungspomp um Charles III. Eine andere Welt ragt in die architektonische Trübsal des Terminals.

Ich erinnere mich an eine Begegnung vor wenigen Wochen an gleicher Stelle.

Gegenüber saß ein sehr gut gekleideter älterer Herr. Aktentasche. Trenchcoat über der Lehne. Tageszeitung. Mein Outfit war eher derangiert: Chucks, Stretch-Chinos, Hoodie, Rucksack. Der missglückte Eindruck, cooler als die eigenen Kinder zu sein. Ich musste an meine Großtante denken, vor deren Haustür ich einmal in zerfetzten Jeans (das war damals angesagt) gestanden hatte: »Kleidung ist ein Teil des Respekts, der bei deinem Gegenüber verloren geht.«

Eine Dame im Nadelstreifenkostüm wollte sich neben den eleganten Herrn setzen. Er stand für sie auf. Eine selten gewordene Geste. Selbst zur Begrüßung darf man heute oft bestenfalls mit einem Kopfnicken oder der Ahnung eines Augenkontakts rechnen. Die beiden kannten sich.

Sie sprach ihn an: »Wie geht es Ihnen?«

»Ach, eigentlich wunderbar, gestern war mein letzter Tag.«

»Hat sich herumgesprochen. Fällt Ihnen der Abschied nicht schwer?«

»Keineswegs.«

»Das glaube ich Ihnen nicht. Man gibt die Führung nicht leicht aus der Hand.«

»Schauen Sie, heute ist das Bedeutungsvollste in meinem Leben, den Bedeutungsverlust zu akzeptieren.« Irgendwann seien alle Privilegien hinfällig. Die Vielfliegerkarte. Das Hotelupgrade. Die Stadionbox.

»Nichts als oberflächlicher Wichtigkeitsfetisch.«

Ärgern würden ihn allein die ständigen Ehrungen. Am meisten die präemptiven Grabreden.

Als er aufbrach die Andeutung einer Umarmung.

»Verabschiedet man sich in so einem Moment vom Leben – oder ins Leben?«, fragte sie.

»Ich weiß es nicht. Wirklich nicht. Auf Wiedersehen«, das Gehen fiel ihm schwer. Er hielt kurz inne: »Auch wenn ich mir da nicht so sicher bin.«

»Wie bitte?«

»Ich bin krank. Ziemlich krank.«

Die Dame rang spürbar mit Worten. Schaute zu Boden. Als sie wieder aufblickte, hatte er den Raum bereits verlassen. Sie hatte Tränen in den Augen.

Ich zögerte, sprach sie an und fragte, ob ich ihr ein Taschentuch bringen dürfte. Sie musste lächeln. Wie ein Gentleman sähe ich nicht gerade aus. Es ist der Moment, wo ich mir vornahm, meine Langstrecken-Haute-Couture zu überdenken.

Sie erzählte mir, er sei ihr Förderer gewesen. Vorbild und Ratgeber. Vor etwa 40 Jahren hätte er sich geoutet. Kurz nach der Übernahme der ersten Verantwortung im Familienbetrieb. Der Bruch mit dem Vater. Schwul ging nicht. Neubeginn in den USA. Späte Versöhnung mit der Familie. Rückkehr. Erfolg.

»Als ich das erste Mal gefallen war, hat er mir geschrieben: Genieße die Ebene. Abgründe tun sich naturgemäß nur auf, wenn man oben steht.«

Sie schaute mich an: »Meinen Sie, die Frage über das Leben hat ihn verletzt?«

»Gewiss nicht«, sagte ich.

Der Mensch Charles Mountbatten-Windsor kniet im weißen Hemd in der Westminster Abbey. Die Insignien oberflächlicher Wichtigkeit lauern.

XX

Ein Leser dieser wöchentlichen Betrachtungen schreibt mir über den Tod seiner Mutter. Er habe nun beide Eltern verloren. Und damit auch einen »wertvollen Rückzugsort und Ort des Verständnisses«.

Die Sätze berühren mich.

Seine Trauer wird offenbar verstärkt durch das Glück, einen solchen Ort gehabt zu haben. Ausnahme oder Regel in unserer heutigen Gesellschaft?

Der Gedanke ruft mir zwei Erlebnisse ins Gedächtnis, die mir einmal wichtig waren. So wichtig, dass ich sie aufgeschrieben und sogleich wieder vergessen hatte.

Es dauert, bis ich die alten Notizbücher erfolgreich geflöht habe.

»Willkommen in unserem Rückzugsort!«, tönte der deutsche Gastgeber eines Abendessens vor mehreren Jahren in London. Eine stattliche Villa in Notting Hill.

Seiner Frau kam ein eher abschätziges »Ach ja?« über die Lippen. Unüberlegt. Sie erschrak. Lachte verunsichert.

»Ich meinte natürlich den Rückzugsort.«

Betretenes Schweigen unter den Eingeladenen. Die zwei Kinder des Hauses drehten sich mit Scheibenwischergeste zum Fenster.

Später. Das Dinnergespräch erwies sich als schwergängig. Kaum überraschend. Und erfuhr seinen Todesstoß, als einer der Gäste sagte: »Ihr habt euch aber einen wirklich schönen Rückzugsort geschaffen.«

Und an die Kinder gewandt: »Geht es euch nicht auch so?«

»Wie?«, fragte die Tochter.

»Ankommen. Geborgenheit. Familie. Und all das in bezaubernder Umgebung.«

Die Gastgeber wirkten nun extrem angespannt.

Der Gast legte nochmals nach. Seine Gattin, die neben mir saß, versuchte, ihn mit einem Fußtritt zu erreichen. Erfolglos. Ihr Schuh landete im Niemandsland unter dem Tisch.

»Na, immerhin euer Vater empfindet es doch so. Als Rückzugsort.«

»Ja, wenn er denn mal nach Hause kommt. Um

sich zurückzuziehen. Von uns.« Der Tonfall der Tochter legte Abgründe nahe.

Fröhlicher wurde dieser Abend nicht mehr. Nach der Verabschiedung stand ich in der Garderobe und hörte den Vater lautstark mit seinem Sohn argumentieren.

»Verstehst du nicht? Um dieses Haus zu ermöglichen, war das alles notwendig.« Ein Funke Selbstgerechtigkeit. Er drohte, die Familie in Brand zu setzen.

»Vielleicht wären wir in einer Wohnung glücklicher geworden«, sagte der Sohn.

Jahre vergehen. Ein Treffen mit einem nahen Freund. Ich war übernächtigt und erschöpft. Er meinte, ich würde die Monotonie eines zerrupften Duracell-Hasen ausstrahlen. Merkt man sich. Eines der kreativeren Komplimente jener Tage. Seine Stimmlage changierte zwischen Mitleid und Vorwurf.

»Kommst du denn jemals zur Ruhe?«

Ich bejahte. Überzeugungslos. War natürlich nicht wahr.

Unser Gespräch kreiste nur um uns selbst. Um unsere Rückzugsorte. Geografische, wie das Elternhaus. Oder rein innerliche. Sie halfen, Erinnerungen an reale Plätze zu überwinden. Kalenderspruchstimmung bei schlechtem Wein.

Bis er die Frage stellte, ob es hierauf wirklich ankäme. Oder nicht vielmehr, unseren Nächsten einen Ort des Verständnisses zu bieten.

Unvermittelt stand ich wieder in der Garderobe in Notting Hill.

XXI

Ein Freund sagte mir vor Kurzem, ich sollte einmal etwas über den Osten unseres Landes schreiben.

Es ergab sich schneller als gedacht.

Dienstagmorgen. München. Der Schreiner klingelt. Ein Regal müsste eingepasst werden. Ich brauche einen Experten. Meine handwerklichen Fähigkeiten führen eher zum Verbandskasten als zum erhofften Ergebnis.

Er hat einen breiten sächsischen Akzent. Das Regal ist schnell ausgemessen, als sein Blick auf eine beschädigte Kommode fällt. Verzogene Schubladen. Einige Intarsien zerstört. Die Furniere blättern. Wie meine Erinnerungen an die Vorbesitzerin des Erbstücks.

Der junge Handwerker bietet an, sich des alten Möbels anzunehmen. Ob er Kunstschreiner sei, frage ich.

»Ebenist. Das ist der Fachbegriff. In vierter Generation, in der Nähe von Dresden. Ich darf den Betrieb demnächst übernehmen.« Er sagt dies in einer besonderen Tonlage. Selten zu hören. Bescheiden und zugleich stolz.

Bis dahin arbeite er weiter bei einem Kollegen an der Isar. Nach Stationen in Köln und Frankfurt. Sein Vater habe ihm geraten, zunächst in den Westen zu gehen. Er solle nicht so enden wie er: Dresden. Freital. Ab und an Meißen. Chemnitz. Urlaub am Plattensee. Zuletzt auch Kroatien. Scheidung. Mittlerweile lungenkrank.

Er zeigt mir einige Bilder aus der elterlichen Werkstatt. Erstklassig restaurierte Louis-XVI-Möbel. Ein funkelnder Empire-Tisch. Ich verstecke meine Begeisterung nicht.

Er reagiert seltsam. »Wissen Sie, wann ich das letzte Mal in München so behandelt wurde?«

»Wie meinen Sie das?«

»Ich meine schlicht Wertschätzung.«

Er erzählt mir, wie oft er sich bereits wegen seines Dialektes nicht für voll genommen fühlte. Überall Ressentiments. Dann werde er gefragt, ob er ein »Nazi« sei. Oder wenigstens Kommunist. Wenn er vehement verneine, würde er nicht selten ein »trotzdem« ernten: die ewig Unzufriedenen, Putinversteher, AfD-Hochburgen. Es sei zutiefst entwürdigend.

»Und obendrauf das geheuchelte Mitleid über ›die armen Abgehängten‹.«

Ich denke an den immer gereckten Zeigefinger unserer (westlichen) Gesellschaft. Gern belehrend. Gern beschämend. Mehr als 30 Jahre Wiedervereinigung haben ihn nie abknicken lassen. Das annus mirabilis 1989/90 erscheint in solchen Momenten ungerecht glanzlos. Drei Jahrzehnte mögen wie ein langer Zeitraum klingen. Nur wirken die Fliehkräfte von Veränderung für viele Menschen im Osten unseres Landes anders. Wie Kaskaden. Unerbittlicher. Perspektivloser.

Nicht wenige fühlen sich ihres Selbstwertes beraubt. Manche driften zu den Rattenfängern. Oder umgekehrt.

Als ich dem Schreiner sage, dass ich auf dem Weg nach Berlin fast immer versuche, einen Zwischenstopp einzulegen, um diesen Teil unserer gemeinsamen Heimat besser zu verstehen, und immer neue Wunder entdecke, große wie kleinere, egal ob Orte oder Menschen, haben endlich auch seine Augen diese Mischung aus Bescheidenheit und Stolz.

Abends läuft eine Doku über den faszinierenden Songwriter Clueso. Aus Erfurt. Darüber sieht der westliche Hochmut gnädig hinweg.

XXII

Ich sitze mit Schreibblockade an einem Glückwunschbrief. Runder Geburtstag eines Mannes, der einem Gratulationstsunami entgegensieht. Es gilt, kreativ zu sein, um überhaupt die Wahrnehmungsschwelle zu erreichen.

Von den Gratulanten und Biografen ist ein Panoptikum zu erwarten. In zwei Richtungen. Zeichnet doch jede Schilderung gleichzeitig ein Charakterbild des Verfassers. Zumal, wenn der Jubilar eine Berühmtheit ist. Man reibt sich einfach gern an ihnen. Zärtlich oder angewidert. Das (Rampen-)Licht zieht Motten aller Couleur an. Es ist sicher Zufall, dass einige Mottenarten Schwärmer, Spanner, Nachtfalter oder Gespenstschrecken heißen. Aber auch fabelhafte Wesen wie der Hermelinfloh und Neidhammel fühlen sich berufen. Oder in der einfachsten Kategorisierung: Feinde und Freunde. Viele schreiben ihm dieser Tage. Auch über ihn. Und immer über sich selbst. Auch ich.

Erstmals höre ich von ihm als 16-jähriger Teenager. Kurz nach meiner Ankunft in einem Ostküsten-Internat erreicht mich ein Brief meiner Großmutter. In New York würde ein alter Freund leben. Ich sollte ihn doch kontaktieren. Mir sagt der Name nichts, aber im Brief steht, er würde auch leidlich deutsch sprechen. Vielleicht dämpft es ja ein wenig mein Heimweh.

An einem freien Tag nehme ich den Zug nach Manhattan und suche die Adresse. 350 Park Avenue. Ich strande in der gewaltigen Eingangshalle eines Büroturms. Schranken verwehren den Weg zu den Aufzügen. Als ich einen schlecht gelaunten Rezeptionisten bitte, mich zu dem Freund meiner Großeltern durchzulassen, schaut er mich so amüsiert an, wie man einen spätpubertierenden Schüler in so einem Gebäude eben ansieht.

»Das wollen sie hier alle. Ausweis. Du hast einen Termin?«

»Nicht wirklich.«

»Auf Wiedersehen.«

»Aber ...«

»Auf Wiedersehen.«

Er bringt mich zum Ausgang. Vor dem Gebäude überlege ich, wie ich diese Episode meiner Großmutter erklären werde. Schließlich kritzele ich auf einen Zeitungsschnipsel »KT Guttenberg, Enkel von […], Millbrook School«, gehe zurück in die Halle, drücke das Papier dem erstaunten Rezeptionisten in die Hand und bitte ihn um entsprechende Weiterleitung.

Drei Tage später nimmt mich einer meiner Lehrer zur Seite. Irgendein verrückter Vogel rufe hier ständig an, gebe sich als Assistent von Henry Kissinger aus und würde nach mir verlangen.

Wenn das einer meiner Bekannten sei, möge ich ihn doch bitten, damit aufzuhören. Das sei weder lustig noch würde man solche Streiche dulden.

Vor 35 Jahren hat Henry mich unter seine Fittiche genommen. Ich durfte zuhören und lernen. Widersprechen und streiten. Fallen und aufstehen. Als andere sich abwendeten, war er da.

Knorrig, humorvoll und sehr viel selbstkritischer, als ihm manche zugestehen wollen.

Morgen wird er 100 Jahre alt. Er schreibt an seinem zweiten Buch über Artificial Intelligence.

Es gibt Kulturen, in denen man die Weisheit des Alters ehrt. Selbst in der brachialen Ablehnung.

XXIII

S-Bahn-Fahrt. Nachmittags. Eine Gruppe Schüler steigt zu. Drei Mädchen, zwei Jungen. Vielleicht 16 Jahre alt. Bereits beim Betreten des Waggons unterhalten sie sich angeregt. Das Stimmengewirr fällt auf, nachdem eine Fahrt in öffentlichen Verkehrsmitteln heute oftmals den Charme eines Kartäuserklosters verströmt. Jenes mit dem Schweigegelübde.

Außer der schnarrenden Lautsprecherstimme war bis dahin kaum ein Laut zu vernehmen. Überall gesenkte Häupter. Ausnahmslos alle Fahrgäste starren auf ihre Mobiltelefone. Ob die Menschheit dereinst wieder gebeugter durch die Lande zieht, wird sich noch zeigen müssen. Es wäre ein fortschrittsgetriebener Atavismus. Bizarr. Umso ungewöhnlicher das Verhalten der Schüler. Eine normale Konversation. Nein, das Ideal einer Konversation. Sie lassen ausreden, hören einander zu. Humorvoll, zugewandt. Ich bin neugierig und versuche, der Unterhaltung zu folgen.

Es geht um ChatGPT. Die Alltagsankunft künstlicher Intelligenz.

Die Diskussion hat erstaunlich viel Tiefgang. Einer spricht vom »Schachtelteufel neuer Technologien«. Eines der Mädchen warnt vor zu schneller Dämonisierung. Eine andere sorgt sich um ihren Traumjob.

Was der denn sei, will einer der Jungen wissen.

»Journalistin.«

»Nicht in Gefahr«, lacht der Junge.

»Das Niveau künstlicher Intelligenz ist heute schon höher.«

Er holt sich einen Ellbogenstoß ab. So geht es weiter. Die Jugendlichen nutzen die ursprünglichste Form der Kommunikation, um deren Revolution zu debattieren.

Nach drei Stationen steigt eine weitere Schülergruppe zu. Schweigend. Alle auf ihre Handys fixiert. Einer stolpert über den Spalt zwischen Bahnsteig und Zug. Keiner macht Anstalten, ihn zu stützen. Kurzes Gelächter, als er auf seinen Knien landet. Bevor er aufsteht, gönnt er sich ein Selfie. Weshalb ist unklar. Vielleicht als Selbstvergewisserung des eigenen Daseins.

Der Kontrast der beiden Gruppen ist so tröstlich wie verstörend.

Sie verlassen an der gleichen Haltestelle die S-Bahn. Von da an wieder nur gebeugte Häupter.

Zwei Tage später beim Italiener. Früher Abend. Ein Tisch ist besetzt. Zwei ältere Paare diskutieren lebhaft. Wortfetzen lassen auf ein breites Themenspektrum schließen. Politik. Reisen. Wärmepumpen.

Dann betritt eine Familie das Restaurant. Mittvierziger. Affluentes Auftreten. Großstadtchic. Eine etwa sechsjährige Tochter.

Der Kellner bringt einen Becher mit Buntstiften, mehrere Bögen Malpapier und eine kleine Wundertüte. Die Kleine hat leuchtende Augen.

Das könne er gleich wieder mitnehmen, sagt der Vater brüsk, während die Mutter aus ihrem Louis-Vuitton-Rucksack ein IPad und monströse Kopfhörer zieht.

Eineinhalb Stunden später bitten wir um die Rechnung. Bis dahin haben die Eltern mit ihrem Kind nicht ein einziges Wort gewechselt. Die Pasta wurde unberührt wieder abgeräumt, während die Augen des Mädchens auf dem Bildschirm ruhten.

Es mag eine sanfte Ironie darin liegen, dass auch wir in dieser Szenerie immer stiller wurden.

XXIV

Auf dem Land. Morgens. Der örtliche Barbershop, neudeutsch für Herrenfriseur mit Bartfokus. Waschen, Schneiden: 13 Euro. Alle paar Wochen eine wiederkehrende Übung in Demut. So auch heute.

Es beginnt bereits mit dem Betreten des Ladens. Seit vier Jahren kann sich der Inhaber meinen Namen nicht merken. Meistens nuschelt er etwas, das sich wie »Butterzwerg« anhört.

Dann das Gespräch unter der Schere. Nie Wetter, Fußball, Klatsch. Das Antiklischee. Er stammt aus dem kurdischen Norden Iraks und hat einen glasklaren Blick auf unser Land. Er filetiert die Bundesregierungen jeder Couleur allein durch die Schilderungen seines Alltags. Als Kleinunternehmer und Familienvater. Nicht anklagend oder jammernd, sondern nüchtern feststellend und bescheiden.

Großes Hallo als ein mittelalter Mann den Salon betritt. Wohl auch ein Stammkunde. Er betrachtet mich im Spiegel.

»Mensch, du hast einen Zwillingsbruder.«

Der Typ gestern Abend im Fernsehen hätte wirklich so ausgesehen wie ich.

»Ganz netter Kerl, so ein Ex-Politiker, aber, mein Gott, war der langweilig.«

Ich winde mich. Und nicke zustimmend: »Hab' ich auch gesehen.«

Abschließend: Q-Tips mit heißem Wachs in den Nasenlöchern. Es gibt wenige Anblicke, die anmutiger sind.

Derart – im Wortsinne – zurechtgestutzt, stehe ich an der Kasse. Er hoffe auf Verständnis, es sei nun zwei Euro teurer, Energiepreise, Krieg in der Ukraine, Rezession, Inflation.

15 Euro für eine wundervolle Lehrstunde. Es gibt sinnlosere Ausgaben.

Bis zum nächsten Mal. (»Auf Wiedersehen, Herr Butterzwerg!«)

XXV

Ich habe mir den Spott meiner Familie hart erarbeitet. Gelegentlich ertappt sie mich, wenn ich mir »Bares für Rares« in der ZDF-Mediathek ansehe.

Wie tief man denn noch sinken könne. Ich sei ja bislang schon intellektuell nicht allzu belastbar gewesen, aber man sorge sich ernsthaft um meine geistigen Kapazitäten. Zugegeben, wenn man nur einige Minuten der Sendung sieht, ist dieses Urteil schnell gefällt. Auch ich wäre wohl ungnädig.

Die Kurzfassung: Menschen aus unterschiedlichen Winkeln unseres Landes tingeln in eine zum Studio umfunktionierte Werkshalle. Sie kommen nicht mit leeren Händen, sondern haben etwas Seltenes oder Kurioses im Gepäck. Erbstücke, Schmuck, manche ein Flohmarktschnäppchen. Diese Exponate werden von Experten geschätzt. Deckt sich die Expertise mit den Preisvorstellungen der Gäste, dürfen diese in einen weiteren Raum, wo sie schließlich auf eine bunte Truppe Händler treffen. Dort wird mehr oder weniger geschickt um den Verbleib des guten Stückes gefeilscht.

Moderiert wird das Format von einem fast unanständig fröhlichen Mann mit mächtigem, gezwirbeltem Schnurrbart, der seinen Gästen sofort das »Du« anbietet. Eine verbale Umarmung, der sich weder die habilitierte 90-jährige Regierungsdirektorin i. R. noch der 17-jährige Auszubildende entwinden kann.

So weit, so unspektakulär.

Was fesselt mich also wiederkehrend an diese Sendung?

Ein selten gewordenes Medienerlebnis.

Fernsehen ist heute oftmals ein Instrument der Verächtlichmachung. Ein aus dem Mittelalter in die Neuzeit gewuchteter Pranger. Fremdschämen eingepreist.

Anders hier. Es wird weder skandalisiert noch bloßgestellt. Es fällt kein zynisches Wort. Der Moderator, Horst Lichter, ist ehrlich interessiert am Gegenüber. Er wirkt auf mich wie ein Melancholiker des Alltags. Seine Lebenskurven (geschwungen wie der Schnurrbart) und der Habitus legen es nahe. Eine Antithese zu den Grantlern, Zeigefingerwedlern und Empörten, die uns sonst senderübergreifend auflauern.

Bares für Rares: Zuweilen entpuppt sich ein rissiges Gemälde aus einer Haushaltsauflösung als Meisterwerk. Statt der erhofften 80 Euro ist es Tausende wert. Das Erstaunen, die Aufregung und Freude sind ansteckend. Man kann nicht anders, als sich mitzufreuen. Ein kleines Therapeutikum für eine Gesellschaft, die Missgunst durchaus fehlerfrei zu buchstabieren weiß.

Oder jemand trennt sich von einem geliebten Gegenstand. Ein Bär von einem Mann, zunächst polternd, ringt um Fassung. Später berührt ein kinderloser Witwer ein letztes Mal die Brosche seiner Frau. Für mich haben solche Augenblicke mehr Kraft als die inquisitorische Genugtuung eines abendlichen Talkmasters, nachdem er einen seiner aufmerksamkeitssüchtigen Gäste in die Stotterfalle gejagt hat.

Fernsehen gestattet scheinbar alles. Selbst die Authentizität ihrer Protagonisten. Ein Geschenk.

Kürzlich blieb ich bei dem Satiriker Böhmermann hängen. In Wirklichkeit der Pranger. Verlangt ihn meine dunkle Seite?

XXVI

Auf dem Land heißt die Pest heute Wegzug. Sonntag. Ein Bergdorf in der Steiermark stemmt sich gegen das Vergessen. Knapp 500 Einwohner. Festakt zur Renovierung des jahrhundertealten Dorfbrunnens. Geweiht dem heiligen Antonius.

Der Strukturwandel hat die Gemeinde gebeutelt. Ende der Siebzigerjahre kam der Bergbau zum Erliegen. Mit ihm das Auskommen. Die Älteren halten noch dünne Erinnerungsfäden in den Händen. Weniger nostalgisch als würdevoll.

Viele Jüngere fliehen in die Städte. Ein Exodus, der dem Ort die leisen Klänge eines Totenglöckchens beschert. Wie ein Tinnitus im Frühstadium. Fast trotzig begehrt die Kommune an diesem Tag auf. Mit einer Geräuschkulisse, die das kalte Bimmeln überlagern soll. Vielstimmig. Traditionsverhaftet. Nicht zwingend harmonisch.

Festmesse in der völlig überdimensionierten Wallfahrtskirche. Üppig barockisiert im 18. Jahrhundert. Die Gegend war einmal kaiserliches Jagdrevier. Pomp folgte den Flinten. Die Bergwerkskumpel mussten sich nach der Düsternis ihrer Woche während der heiligen Messe dem Himmel sehr nahe gefühlt haben. Außerhalb Österreichs gibt es wenige Länder, in denen eine der Prunksucht nicht abgeneigte Monarchie derart wundersame Unwuchten hinterlassen hat.

Umso bescheidener am heutigen Festtag der Priester. Er webt ohne Manuskript ein kleines rhetorisches Kunstwerk. Theologische Tiefe, für alle verständlich, egal ob Waldarbeiter oder Akademiker.

Vor dem Pfarrer war ein etwas betagter Messdiener eingezogen. Es ging ein Wispern durch die Kirche.

»Ist das nicht der …?«

Tatsächlich verdingt sich ein bekannter Schauspieler am Weihrauchfass. Vor Jahren war ein Film, in dem er die Hauptrolle spielte, für den Oscar nominiert. Mittlerweile lebt er in Deutschland. Nach dem Gottesdienst wird er stolz als »Edelministrant« begrüßt. Er ging in der Nähe zur Schule. Gelegentlich kehrt er zurück und begleitet den Priester.

Andere sind aus Wien oder Salzburg angereist. Später frage ich eine der »Auswärtigen«, weshalb sie heute hier sei.

»Nennen Sie es Heimat.«

»Wie würden Sie Heimat beschreiben?«

Sie denkt länger nach.

»Angst vor Entwurzelung.«

Sogleich korrigiert sie sich:

»Sehnsucht nach Geborgenheit. Ist aber dasselbe.«

Entwurzelung kann auch ohne Wegzug gelingen. In der sogenannten Herrschaftsbank vor dem Altar hustet die örtliche Fürstenfamilie. Der Edelministrant hat sie mit besonders viel Weihrauch versehen. Es geht das Gerücht, das hohe Haus habe sich als knausrig erwiesen. Der marode Dorfbrunnen musste sich wohl eher auf gute Gedanken verlassen. Beim anschließenden Festakt der Gemeinde steht Durchlaucht abseits und wird mit dürren Worten erwähnt.

Die Blaskapelle hat vor dem Brunnen Platz genommen. Sie umrahmt gemeinsam mit zwei Chören die Reden der Honoratioren. Die Leichtigkeit der Lieder wirkt wie eine Verhöhnung der Schwermut, die Vielzahl der Vereine wie ein schützender Kokon vor innerer Verwesung.

Bier, Torten und Bratwürste sind umsonst. Weshalb an den Tischen auch verkniffene Gesichter von Kritikern zu sehen sind. Die ewige Kongruenz von Spenden und Neid. Ein voller Mund erschwere aber das Nörgeln, stellt ein Musiker lakonisch fest.

Als wir aufbrechen, beginnt es zu regnen. Die Menschen rücken zusammen. Wie sie es über Jahrhunderte getan haben. Es sind lediglich die Kirchenglocken zu hören.

Aus dem sanierten Brunnen tritt ein wenig Wasser. An der falschen Stelle. Alles fließt. Heraklit hätte seine Freude gehabt.

XXVII

Vor Kurzem abends in New York. Ich bin im Theater District gestrandet, laufe von Hell's Kitchen zum Broadway. Ohne Tickets für ein Musical. Doch mit einer kostenlosen Karte für die eigentlichen Dramen. Verlässlich zu finden an den Künstlereingängen. Sie faszinieren mich. Meist an der Rückseite eines Theaters. Hölzerne oder stählerne Zeugen der Bühnennomaden. Schwellen auch des verblassten Ruhms. Immer aber sind es Schwingtüren der Einsamkeit.

Bei einigen drängen sich die Schaulustigen. Meistens dort, wo Late-Night-Shows aufgezeichnet werden. Höhere Prominentendichte als bei vielen anderen Bühnen.

Alugitter oder rote Kordeln bilden die Grenze zur Illusion von Glück. Manche Zaungäste träumen vom Leben jenseits der Absperrung. Eine Mutter wendet sich mit Südstaatenakzent an ihre Tochter:

»Nimm brav weiter Gesangsstunden – und du wirst hier landen.«

Das Mienenspiel des Mädchens lässt den Karriereplan als Farce erscheinen.

Zwei schwarze Chevrolets fahren vor. Geschrei. Handys schnellen in die Höhe. Alle schauen zu den Wägen. Dort passiert – gar nichts.

Sie verpassen den Moment, als sich in ihrem Rücken die Tür zum Künstlerausgang öffnet und eine unscheinbare Gestalt mit zwei Begleitern heraustritt. Die Augen sind leer, er wirkt erschöpft. Er zieht eine Zigarette aus einem scheußlichen Etui. Endlich dreht sich jemand um. Er wird erkannt. Die Zigarette fällt zu Boden. Das graue Gesicht verformt sich in eine strahlende Maske. Sie hält, bis er nach einem Selfie-Marathon in einen der Chevys einsteigt. Dort fällt sie ab. Leere Augen, noch bevor die Tür sich wieder schließt.

Ich ziehe weiter. Ein kleines Theater. Niemand hat sich hierher verirrt. Mitwirkende erscheinen. Sie kommen zu Fuß. Mit dem Taxi. In Gedanken versunken. Einer klopft mit der Faust dreimal an die Mauer neben der Tür. Ein anderer bekreuzigt sich. Rituale der Anspannung. Sie begrüßen sich und wirken doch allein.

Was treibt mich an diese Türen?

Metamorphosen.

Die Verwandlung vom Zweifler zum Entertainer. Von Menschen zu Stars. Und am Ausgang – deren Umkehrung. Ich habe einen Teil meiner Jugend in Konzerthäusern verbracht. Mein Vater war Dirigent.

Neben den Hintereingängen sind auch Künstlergarderoben oft von brutaler Nüchternheit. Kein wärmendes Scheinwerferlicht. Nichts vom Glanz der Säle. Kaltes Halogen leuchtet die Dämonen aus. Hybris, Einsamkeit.

Bühnenmenschen sehnen sich oft nach beidem, Glamour und Normalität. Nur wenige können mit dem Spannungsfeld umgehen. Viele zerreißt es zwischen den Polen. Ich war zu oft Zeuge, wie sich Adrenalin in Elend wandelte, ein Triumph in die Depression drehte. Januskköpfig.

Manche betäuben die Realität des Künstlerausgangs mit Aftershow-Partys. Einige Idioten betäuben nicht nur sich selbst.

Nota bene: Aufzüge in die Chefetagen sind Künstlereingängen nicht unähnlich.

XXVIII

»Darüber kannst du nicht schreiben. Ein Minenfeld.« Diese Sätze hörte ich vergangene Woche mehrfach. Angesichts einer Begegnung, die mich nicht losgelassen hat.

Ein Samstagmorgen. Das Taxi hält vor dem Hotel, um mich zu einem Tonstudio zu bringen. Als ich die Schiebetür des Kleinbusses öffne, begrüßt mich Antonia. Ich kenne die Fahrerin. Vor Jahren war ich bereits einmal ihr Passagier. Unser Gespräch blieb mir im Gedächtnis. Es war so nachdenklich wie humorvoll.

Antonia fällt auf. Sie hat mindestens vier Zentimeter lange Fingernägel. Knallrot lackiert. Ihre Lippen sind in einer ähnlichen Farbe tätowiert, die Augenbrauen in einem Braunton. Antonia hat keine Haare und trägt Männerkleidung.

Ich freue mich auf die Fahrt. Antonia ist wieder fröhlich und liebenswürdig. Und doch ist die Atmosphäre angespannt. Es liegt ausschließlich an mir. Das letzte

Mal war ich unbefangener. Weniger bedacht darauf, Fehler zu vermeiden. Bin ich mittlerweile ein feiges Exponat unserer Shitstorm-Kultur geworden? Ein Zaudernder in Zeiten der Cancel-Umtriebe?

Wahrscheinlich hatte ich damals einiges falsch formuliert. Antonia war es egal. Ich hielt sie für einen Travestiekünstler. Wir sprachen aber über ganz andere Dinge.

Heute erzählt sie mir ihre Geschichte.

Vor 60 Jahren wurde sie als Junge geboren. Bereits als Kind war ihr klar, ein Mädchen zu sein.

Für den Vater, so Antonia, war es keine leichte Erkenntnis. Werksarbeiter, das Unverständnis der Kollegen. Und doch hatte sie von ihm und der Mutter kompromisslose Liebe erfahren. Die älteren Brüder beschützten sie, waren ihre besten Freunde.

Die Familie hielt zusammen.

Eine Operation kam damals noch nicht infrage.

Jetzt sei es leider zu spät für sie.

Ich frage sie, ob der Umstand, mit der Verunsicherung anderer rechnen zu müssen, ein Gefühl von Alleingelassenheit befördern würde.

»Nein, diese Stadt umarmt mich seit Jahrzehnten.« Anstrengend seien höchstens jene, die sie ungefragt politisch instrumentalisieren wollten.

»Sie meinen es ja gut. Aber unter Berufung auf Differenzierung sehen mich einige völlig undifferenziert. So interessiert mich etwa der ganze Genderzirkus nicht die Bohne.«

Sie lacht: »Wer meine Ansicht nicht teilt, ist deshalb kein schlechter Mensch.«

Wie ich sie denn korrekt bezeichnen könnte, ohne sie zu verletzen.

»Transsexuell.«

Das Wort sei völlig missverständlich und diskriminierend, rügt mich später ein Freund. Mag sein. Wohl nicht für Antonia.

Und doch neigen wir mittlerweile dazu, uns besser gar nicht zu verhalten, als einen Fehler zu machen oder den Wunsch einer betroffenen Person statt den der lautesten Gruppe zu respektieren. Macht dies unsere Gesellschaft offener, umgänglicher, toleranter? Ich habe meine Zweifel.

Auch ist die Intoleranz mancher Toleranzmarktschreier kein neues Phänomen.

Antonia mag Frauen, ist aber derzeit solo. »Nur morgens fühle ich mich so allein wie jede andere, die auf eine Berührung oder ein Lächeln wartet. Bin ich anders? Vielleicht. Aber eine von euch.«

XXIX

Los Angeles. Ich bin auf dem Campus der UCLA, der University of California. Vielleicht das schönste Universitätsgelände in den Staaten. Ich ziehe mich gern zum Ordnen unsteter Gedanken hierher zurück. Auch zum Schreiben. Atmosphärisch einer der wenigen Orte, wo Innovation und Gelassenheit in keinem Spannungsverhältnis stehen. »Inspirierend« wäre wahrscheinlich der abgedroschene Begriff.

Ich sitze auf einer Bank. Ein strahlender Morgen. Nur legt sich über die Makellosigkeit des Himmels seit Jahren ein unsichtbarer Schatten. Negiert und gefürchtet. Er materialisiert sich schließlich in den Feuersbrünsten an der Westküste. Dann entzieht er sich wieder der Wahrnehmung. Stattdessen der immerblaue Himmel am Pazifik. Die morbide Schönheit des Klimawandels.

Mein Vater – Dirigent, Apokalyptiker und Umweltaktivist – hat gern auf den korrespondierenden Zauber von Schönheit und Entsetzen verwiesen. Einige Werke großer Komponisten (etwa Wagners »Tristan und Isolde«, Mozarts »Don Giovanni« oder die 6. Sinfonie von Mahler) vereinen diesen vordergründigen Gegensatz. Mir ist er gelegentlich in Afghanistan begegnet.

Um der emotionalen Gewalt dieser Erkenntnis zu entgehen, flüchtete mein Vater. Zurück in die Kindheit. In die Nostalgie scheinbar unberührter Natur. Weitgehend ohne Zerstörungen. Er verklärte diesen Teil seiner Jugend. Einen anderen verdammte er. Es war der Teil, den er mit Menschen verband. Insbesondere mit seinen Eltern. Hier fühlte er sich seiner kindlichen Erfahrung beraubt.

Ich muss wieder an das Schreiben des Lesers denken, der über den Tod seiner Mutter trauerte (S. 63). Dort findet sich ein nicht selten bemühter und doch bemerkenswerter Satz. Er habe mit seinen beiden Eltern auch seinen »Kinderstatus« verloren.

Ich habe diese Erfahrung noch nicht machen müssen. Nur mein Vater, der Musiker, ging viel zu früh. Aber der Gedanke streift eine dumpfe Urangst.

»Du bist nun allein.«

In den Untiefen des Bewusstseins abgelegt. Schlummernd. Gelegentlich geweckt durch literarische Figuren. Oliver Twist. Tom Sawyer. Krabat.

Waisenkinder zwischen Buchdeckeln. Ist man ihnen als Kind begegnet, verlassen einen diese Verlassenen nie.

Verlassenwerden. Die Normalität für jedes Kleinkind, wenn ein Elternteil aus der Tür geht. Hilflosigkeit. Erste Verlusterfahrung. Sie erwächst bei vielen mit den Jahren zur Lebenskränkung. Wir lernen, damit umzugehen, aber allzu selten sie zu akzeptieren.

Irgendwann zwingen wir uns aus dem kindlichen Gemüt. Empfinden es vielleicht als Befreiung. In unseren scheinbar stärksten Jahren schaffen wir uns aber häufig nicht mehr als einen Verdrängungsraum. Und vergessen wir die Aufarbeitung kindlicher Traumata.

Bis uns die Gegenwart eine Trennung verschafft. Einen Verlust. Eine geliebte Person geht. Aus der Tür. Aus dem Leben. Für immer. Dann werden wir in die kindliche Gefühlswelt zurückgeschleudert und driften haltlos zwischen Vergangenheit und Zukunft.

Bis uns der Ratschlag ereilt, sich mit der eigenen Kindheit auseinanderzusetzen. Allzu oft gewinnt der Abwehrreflex. Oder der Hochmut, sich selbst gewachsen zu sein. So auch bei mir. Zu lange. Stellt man sich schließlich doch, dann nicht selten auf einem ansehnlichen Scherbenhaufen.

Auf dem Universitätsgelände sind heute auffällig viele Familien. Fast alle Opfer der Merchandise-Maschinerie der UCLA. T-Shirts, Baseballkappen, Taschen. Eine Logo-Parade nach der anderen turnt an meinem Tisch vorbei.

Dann saust ein Kind um die Ecke. Kauert sich hinter mir ins Gebüsch. Minuten später wird es von der achtköpfigen Verwandtschaft entdeckt. Gewiss drei Generationen. Großes Gequietsche. Applaus dem Sieger des Versteckspiels. Triumphaler Abmarsch auf den Schultern des Großvaters.

Es gibt die Momente, in denen man fast euphorisiert der Kindheit wiederbegegnet. Auslöser mögen eine Albernheit, ein Buch, ein Film oder herumtobende Kinder sein. Manchmal nur ein bestimmter Geruch oder ein Geräusch. Für einen Augenblick sind die Lasten unserer Gegenwart nicht spürbar. Zukunftsängste und Vergangenes ausgehebelt.

Es hat etwas Versöhnliches.

XXX

Erneut beim Bäcker. Für ein Frühstück bei Freunden. Diesmal in Berlin. Eine Stadt, in der Höflichkeit einem gewissen Interpretationsspielraum unterworfen ist.

Es ist das Pfingstwochenende. Samstagmorgen. Hier heißt es Sonnabendmorgen. Werde ich nie verstehen. Die Anmaßung des Vorabends, einen ganzen (Vor-)Tag für sich zu beanspruchen. Irgendein altenglisches Erbe, norddeutsch adaptiert.

Wieder einmal anstehen für die Backwaren. Zwei vor mir in der Reihe räuspert sich ein mittelalter Wuschelkopf. Nickelbrille. Typ Mathelehrer, der abends seine Familie mit Reinhard-Mey-Liedern und verstimmter Gitarre nervt.

»Vier Schrippen!«

»Kannste dir verreiben. Schon mal wat von bitte gehört?« Eine hauptstädtisch resolute Verkäuferin.

»Na dann eben mit Bitte auf den Lippen vier Schrippen, Frau Oberlehrerin.«

Schlagfertig. Beide glucksen. Er bekommt eine Extra-Schrippe.

»Wie sagt unser Bundes-Olaf? Schön' Dank!«

»Gibt es auch einen nicht so schönen Dank?«, es wird ladenthekenphilosophisch.

»Nein, höchstens nicht so schöne Politiker. Humorlose Typen. Keine Inspiration mehr. Und so trocken wie dein Streuselkuchen. Bis die Tage!«

»Auf Wiedersehen, Herr Pfarrer.«

Als ich dran bin, frage ich die Verkäuferin, ob wir es wirklich mit einem Pfarrer zu tun hatten. Meine Mathelehrerromantik wäre erschüttert.

»Ja, aber nur zu Besuch. Ist hier groß geworden. Pfarrer M. Anständiger Kerl. Mit den Skandalen nichts am Hut.«

Es ist bemerkenswert, wie die Kirchen sich im Bewusstsein vieler Menschen unseres Landes nur noch auf eine Chiffre reduzieren: Missbrauch. In der Anklage funktioniert hierbei sogar die Ökumene. Man blickt fast unterschiedslos auf beide großen Konfessionen. Sowie fassungslos auf das Verglühen der bedeutungsvollsten Marke der letzten beiden Jahrtausende. Zumindest in unserem Land. Das Kreuz unserer Tage ist zunehmend die Yogamatte.

»Wirklich ein feiner Kerl«, wiederholt die Verkäuferin. Ihre ganze Familie sei aus der Kirche ausgetreten. »Nicht wegen dem Aufarbeitungsmist. Vorher. Wegen der Kirchensteuer. Kannst du niemandem mehr erklären. Hat doch mit dem Knaben da oben nichts zu tun«, sie deutet zur Decke. Kürzlich sei die Tante gestorben. Der örtliche Pfarrer hätte sich geweigert, die Beerdigung durchzuführen. Mit dem Austritt wären die Sakramente verloren gegangen. Ich widerspreche leise, da ich glaube, irgendwo über die Aufhebung dieser bizarren Regel gelesen zu haben.

»Nein, das ist eine – wie nennt man das – Ermessensvorschrift.«

Passend zu unserer Mentalität, denke ich mir. Mit unverrückbarer Schlagseite zur Verhinderungskultur.

»Jedenfalls hat Pfarrer M. meine Tante beerdigt. Feiner Kerl, wirklich.«

Ob man sich in Berlin noch frohe Pfingsttage wünscht?

Ich wage es.

»Bitte wat?«, fragt die Verkäuferin.

Auf dem Weg zum Frühstück höre ich seit Langem wieder einmal Reinhard Mey.

XXXI

»Wäre es vermessen zu sagen, dass Ihr Deutschen große Nörgler seid? Obsessiv unzufrieden. Immer auf der Suche nach dem Schwarzen unter dem Fingernagel. Meister der Anklage.«

Der Gastgeber, der uns diese Worte entgegenhält, lehnt sich zufrieden zurück. Wir schauen uns leicht verstört an. Seine Ausführungen kommen unerwartet. Wenigstens in diesem Ambiente.

Es ist ein Abendessen bei einem Botschafter in Berlin. Er vertritt ein Land, das nicht zur ersten Riege der Industrienationen zählt. Das Gespräch mit den elf Gästen plätscherte bis dahin eher uninspiriert dahin. Jetzt hat der Diplomat unsere ungetrübte Aufmerksamkeit. Die Wortwahl würden viele in seinem Berufsstand als Tiefschlag empfinden. Als grobes Foulspiel. Zumal in einem Gastland.

Ich muss trotzdem laut auflachen, als ich in die Runde indignierter Gesichter blicke.

Den anderen fehlt der Humor.

Die Gästeliste ist eklektisch. Eine aktive Politikerin, drei ehemalige, zwei Journalisten, Wirtschaftsvertreter, ein Künstler, eine Filmemacherin. Wie er denn zu dieser Einschätzung komme, will einer wissen. Tonlage: gallig.

»Ich kenne Sie alle seit mehr als zwei Jahren. Immer wenn ich mit Ihnen allein zusammensitze, lassen Sie kaum ein gutes Haar an Ihrem Land. Lassen Sie mich zitieren: schauerliche Regierung. Erbärmliche Opposition. Überbordende Bürokratie. Unprofessionelle Medien. Notorisch unzufriedene Unternehmer. Antiquiertes Schulsystem. Servicewüste. Marode Infrastruktur.«

Er fixiert uns alle.

»Ausnahmslos Ihre Worte. Jeder von Ihnen jammert.«

Nun merke ich erst, dass er offensichtlich auch mich meint. Mein bis dahin leicht hochmütiges Lächeln schwindet.

Der Botschafter fährt fort: »Auf keiner meiner bisherigen Stationen ist mir dieses Ausmaß an – wie nennen Sie das? – Selbstgeißelung begegnet. Was ist der Grund?«

Es dauert, bis sich eine aus unserer Gruppe räuspert. Die aktive Politikerin. Kaum überraschend. Ihre Profession trainiert beides, das erste und das letzte Wort. Nicht zwingend die Substanz.

»Wir sind in Deutschland bereits aus historischen Gründen zurückhaltender mit der Zurschaustellung eigener Leistungen.« Der Satz ist bemerkenswert. Stammt er doch von einer Dame, die jede noch so belanglose Tätigkeit auf Social Media zum Staatsakt aufbläst.

Sie fährt fort: »Außerdem ist Selbstkritik doch eine Triebfeder zur Leistungssteigerung.«

»Selbstkritik?«, fragt der Gastgeber. Die gespielte Demut ist schnell entlarvt.

»Ihre Argumentation wäre ja durchaus nachvollziehbar, wenn das Klagen dem eigenen Berufsstand gelten würde. Die Unerbittlichkeit richtet sich aber regelmäßig gegen andere.«

Einer der Medienvertreter meldet sich. Erhabener Tonfall. Gönnerhaft stellt er fest, den wertvollen Ausführungen der Vorrednerin noch etwas hinzufügen zu wollen.

Er habe die Negativbeispiele nur genutzt, um zu begründen, weshalb die Menschen in Deutschland immer mehr Scharlatanen hinterherlaufen würden.

»Mit Verlaub, das haben Sie nicht«, sagt der Diplomat, »weder bei unseren Treffen noch in Ihren Publikationen – soweit ich diese verfolge. Immer herrscht die Anklage vor.«

Der Journalist ist angesichts der Direktheit irritiert. Er versucht abzulenken.

»Herr Botschafter, wollen Sie bestreiten, dass wir aufgrund zahlreicher Missstände ein politisches Problem haben – insbesondere von ganz rechts?«

»Keinesfalls. Aber ich frage mich, ob dieses Wahlverhalten nicht gefördert wird, wenn die Eliten dieses Landes kaum Besseres zu tun haben, als ihr Land permanent kleinzureden.«

Touché, denke ich mir. Und muss mir in derselben Sekunde eingestehen, dass dieser Wirkungstreffer auch mir gilt.

Ein zweiter lässt nicht lange auf sich warten.

»Empfinden Sie keinen Stolz? Die Aufbauleistungen nach den Katastrophen des vergangenen Jahrhunderts. Ihre Position im Konzert der Mächtigen. Wir träumen davon, auch nur einen Bruchteil Ihrer Wirtschaftskraft, Infrastruktur, Verwaltungskompetenz und Gesundheitsversorgung zu haben.«

»Wie banal«, flüstert mir meine Nachbarin zu.

Ich will ihr widersprechen, als einer der Unternehmer aufsteht und sein Glas hebt: »Auf unsere maßlose Quengelei. Auf unser Beckmessertum. Auf diesen aufrührerischen Botschafter!«

Dieser wirkt plötzlich fast verschämt.

»Ich wollte Sie nur daran erinnern, dass Sie in einem wunderbaren Land leben. Trotz allem. Und gerade auch wegen allem.«

Es sollte ein langer, feuchtfröhlicher Abend werden.

Nach der Verabschiedung warte ich vor der Residenz auf ein Taxi. Neben mir schwankt einer der Unternehmer. Der Künstler legt die Hand auf seine Schulter.

»Bist du wirklich stolz auf unser Land?«

»Stolz? Auf den Sauhaufen?«

»Stimmt. Geht eigentlich gar nicht.«

»Und der Botschafter. Ein Saukopf, der Herr Botschafter.«

»Ja, ein Saukopf.«

Für drei Stunden hatten sie sich ihre Heimat schöngetrunken. Immerhin.

XXXII

Am Morgen einer Konferenz in Österreich. Plötzliche Unruhe im Publikum. Geflüster. Die Handys werden aus den Taschen geholt, zum Nachbarn gereicht. Ich versuche, die Gesichter zu lesen. Schwierig, da ich gleichzeitig ein Podium über die Potenziale künstlicher Intelligenz moderiere. Unsere Diskussion droht, kläglich vor dem abgelenkten Auditorium zu versanden.

Erst später erfahre ich, es ist der Moment, da weltweit mittels »Breaking News« über einen mutmaßlichen Putschversuch in Russland berichtet wird. Der ehemalige Koch des russischen Präsidenten begehrt auf. Mit Söldnern und einem Marsch nach Moskau. Die Konstellation ist unübersichtlich. Heftige globale Implikationen sind zu diesem Zeitpunkt nicht mehr auszuschließen.

Die Nachrichtenlage weckt etwas in mir. Etwas tief Schlummerndes, das ich seit Jahren zu versiegeln suche. Mit allen denkbaren Sperren und Schlössern. Ein Wiederaufleben gilt es zu unterbinden. Unbedingt. Dauerhaft. In Anlehnung an die sieben Siegel in der Offenbarung des Johannes habe ich schon vor Jahren dieses biblische Bild der Einhegung genutzt. Ziemlich pathetisch. Anfangs verglich ich die unterdrückten Elemente sogar mit den apokalyptischen Reitern.

Es sind die Elemente der Charakterformung eines Politikers. Oder seiner Umformung. Befindlichkeiten, die einen nie völlig verlassen, wenn man sich einmal auf dieses Geschäft eingelassen hat. Zumal auf Spitzenebene.

In politischen Großwetterlagen drängen sie nach oben. Unvermittelt. Sie ringen um Beachtung. Das Ausmaß ihrer Beherrschung entscheidet über Karrieren. In beide Richtungen.

Die Elemente sind Aufmerksamkeitsstreben, Gefallsucht, Misstrauen und Skrupellosigkeit. Alle zu einem gewissen Grad miteinander verschränkt. Alle mit einem Lächeln dargeboten, Gelassenheit ausstrahlend. Verkniffenheit würde entlarven. Ebenso zur Schau getragener Ehrgeiz.

Das typische politische Reaktionsmuster in einem Satz: Welche andere lächelnde Gestalt sollte ich in kürzester Zeit aus dem Weg räumen, um mir maximale Aufmerksamkeit und Genugtuung zu sichern?

Selbst nach Jahren der Entwöhnung können diese Elemente noch ihre Sogwirkung entfalten. Sind es doch meist allzu menschliche Empfindungen. Gleichwohl gespenstisch. Dabei weiß man längst, wie flüchtig die erhofften Ziele sind. Tausendfach beschrieben. Hundertfach selbst erlebt. Ich müsste also gewappnet sein.

Bis ein *ORF*-Reporter an mich herantritt. Ob ich als ehemaliger Verteidigungsminister nicht ein Interview geben wollte. Zur Lage in Russland. Mein erster Gedanke: Du kannst mich mal. Die Zeiten sind vorbei.

Ein Wimpernschlag später: Wer sonst würde bei dieser Konferenz vor der Kamera stehen? Wird jemand die Nachrichtenlage zu seinem eigenen Vorteil nutzen? Kann ich dem Journalisten vertrauen? Wie offen darf ich sein, ohne mir potenziell zu schaden? Die alten Reflexe. Peinlich egozentrisch. Ein Siegel scheint gebrochen.

»Gerne. Wann?«

30 Minuten später gebe ich das Interview. Die erfahrene Aufmerksamkeit hinterlässt die wärmende Illusion von Bedeutung.

Sie erkaltet schnell.

Auf dem Weg vom Konferenzzentrum zum Mittagessen laufe ich hinter zwei Teilnehmern, die mein Interview mitverfolgt haben.

»Routinierter Hund«, sagt der eine.

»Mag sein, aber ziemlich inhaltsleer.«

Ich verarbeite meine Kränkung, indem ich an eine neuere Variante der eloquenten Substanzlosigkeit denke. Der uneitle politische Grübler:

»Ich will dieser höchst komplexen Materie, die so viele Menschen im Tiefsten ihres Herzens bewegt, erst inhaltlich nähergekommen sein, bevor ich zu einer verantwortungsvollen Entscheidung gelangen dürfte.«

So hätte der unvergessene Loriot es formuliert. Feixend. Die Varianten sinnentleerten, rhetorischen Zeitgewinns sind unendlich. Aber eventuell Börne-Preis-würdig.

Uneitelkeit kann sehr eitel gepflegt werden. Die jüngere Vergangenheit ist nicht arm an prominenten Beispielen. Gerade in den Hauptstädten.

Mein Kopf dreht sich. Die letzte Stunde wirkte wie ein schlechter Traum. Eine kurze Rückkehr zu den verbannten Elementen.

Gelegentlich mag ein apokalyptischer Reiter die Oberfläche durchstoßen. Oder ein weniger spektakuläres Pendant. Aber kein Lamm in Sicht, das die restlichen Siegel sprengt.

Draußen. Für immer. Gott sei Dank.

XXXIII

Wieder eine Parkbank in München. Laptop auf dem Schoß, Pappbecher mit Kaffee. Turnschuhe, Shorts, Baseballkappe, ich bin noch unrasierter als sonst. Der Platz neben mir bleibt unbesetzt. Anziehungskraft scheine ich keine zu haben. Hinter mir liegt ein klappriges Leihrad im Gras. Mein eigenes Fahrrad wurde Opfer eines Phänomens, mit dem sich der Freistaat Bayern nur ungern schmückt. Vandalismus.

Ist mir in Berlin auch schon mal passiert. Ein Polizist, der in der Nähe Strafzettel verteilte, meinte lediglich:

»Selber schuld, wenn Sie ein derart teures Gestänge in Prenzlberg abstellen.« Mitleid, wie man es so nur in unserer Hauptstadt erwarten kann.

Was ich wohl tun würde, wenn ich einmal einen Täter in flagranti ertappen sollte? Ich wische den Gedanken beiseite. Laut meiner Mutter muss ich ein jähzorniges Kleinkind gewesen sein. Seitdem haben mich die Höhenunterschiede des Lebens eher

Gelassenheit gelehrt. Oder die Erkenntnis, in Konflikten besser nicht allzu impulsiv zu reagieren.

Ich konzentriere mich auf meinen Text. Im Augenwinkel sehe ich zwei junge Männer auf mich zukommen. Im ersten Reflex nehme ich den Rucksack näher an mich heran, was zur Folge hat, dass mein Kaffeebecher direkt neben meinen Füßen landet. Meine Laune bekommt einen Dämpfer. War da ein Anflug von Jähzorn?

Einer der beiden spricht mich an. Auf Englisch. Amerikanischer Akzent.

»Entschuldigung. War unser Fehler. Dürfen wir Ihnen einen neuen Kaffee bringen?« An der Ecke sei eine Bäckerei.

Ich schaue sie misstrauisch an.

»Ist schon gut.«

»Nein, ernsthaft.«

Sie ziehen tatsächlich los. Wenige Minuten später kommen sie mit einem frischen Kaffee angestapft. Ich bedanke mich. Sie bleiben vor mir stehen. Etwas zu lange. Leicht irritiert nehme ich sie genauer ins Visier. Sie sind gut gekleidet. Jedenfalls erheblich besser als ich.

Ob sie mit mir reden dürften.

»Weshalb denn?«

»Wir bereisen Ihr Land, um es kennenzulernen

und uns zu bilden. Teil eines Jugendprogrammes. Wir wurden ermuntert, auf Einheimische zuzugehen und sie um ein offenes Gespräch zu bitten. Haben Sie ein paar Minuten für uns?«

»Seid Ihr so eine religiöse Truppe? Mormonen oder Evangelikale mit dem Ziel, das heidnische Europa zu missionieren?«

»Nein«, sie müssen lachen, »aber Sie sind nicht der Erste, der uns das fragt.«

»Und Ihr sprecht einfach wildfremde Leute an?«

»Warum nicht? Fünf Minuten?«

Ich nicke, klappe den Laptop zu, stelle meine nassen Schuhe in die Sonne und biete ihnen den Platz neben mir auf der Bank an.

Jeff ist aus Tennessee. High-School-Schüler im Abschlussjahr. Der andere, Zachary, Student in Texas. Sie entsprechen also nicht dem gerne bemühten Klischee, dass die letzten Bildungsbürger an den amerikanischen Küsten zu finden seien. Auf Jeffs Frage, weshalb ich so gut Englisch sprechen würde, lasse ich meine Jahre in den USA heraushängen.

Sie überraschen mich. Stellen kluge Fragen. Über unsere kulturellen Wurzeln, die Verfasstheit des Landes, Literatur, das politische System. Wo ich die größten Unterschiede auf beiden Seiten des Atlantiks sehen würde. Welche Museen sie in München nicht verpassen dürften.

Meine Neugierde an ihnen ist geweckt. Ich frage sie, wo sie in Deutschland bisher ihre besten Erfahrungen gemacht hätten.

»Entgegen mancher Warnungen ist man uns in den neuen Bundesländern sehr freundlich begegnet. Die Menschen sprechen zwar nicht überall Englisch, aber sie haben sich wirklich um uns bemüht. Nur einmal – auch in einem Park – haben wir Aggressionen erlebt. Zwei Glatzköpfe, wir hätten es besser wissen sollen, haben uns wüst angepöbelt.«

Die Wörter, die sie sich aus der Suada gemerkt hätten, wären »Besatzungsmacht« und »Kriegstreiber« gewesen.

»Und hier in München, im Englischen Garten? Wie viele Menschen wollten mit euch reden? Einige, oder? Mittlerweile sind wir eine wirklich weltoffene Stadt. Waren wir nicht immer.«

»Sie sind heute der Erste«, sagt Jeff.

»Von wie vielen, die ihr gefragt habt?«

»Mindestens 30.«

Bevor sie aufbrechen, fragen sie mich, was ich beruflich machen würde.

»Derzeit schreibe ich an einem Buch, das Begegnungen wie diese zum Inhalt hat.« Das erfordere aber Ruhe und Zeit.

Die beiden jungen Männer erkennen den Wink und stehen auf.

Zachary gibt mir die Hand: »Sie sehen so aus, als würden Sie generell die Gesellschaft anderer meiden.«

»Hmm.«

Ich blicke ihnen hinterher, beobachte, wie sie zu benachbarten Parkbänken weiterziehen. Bei keiner bleiben sie länger als 20 Sekunden stehen. Einmal ist es eine brüske Handbewegung. Dann Kopfschütteln. Ein Pärchen schaut nicht mal auf. Schließlich lässt sie einer mit seinem Mittelfinger wissen, was er von ihrem Anliegen hält. Er ruft ihnen noch unverständliche Worte hinterher. Freundlich klingen sie nicht. Vielleicht jähzornig. Vandalismus geht auch ohne physische Gewalt.

Nur eine Facette von München, gewiss. Es wird den beiden auch Gutes widerfahren. In diesem Augenblick offenbart die Stadt aber ihre Kehrseite.

XXXIV

Der Vorhang fällt. Im Theater rührt sich noch keine Hand zum Applaus. Premierenabend eines Klassikers von Shakespeare. Neu inszeniert, hoch emotional und experimentell. Das Bühnenbild eine einzige Provokation. Sekunden vergehen. Das Publikum scheint den Atem anzuhalten.

Plötzlich Ovationen. Die meisten erheben sich von ihren Plätzen. Nun aber auch vereinzelte Buhrufe. Laut, wütend. Ich frage mich, was in dem Augenblick davor in den Köpfen der Schauspieler vorgegangen sein mag. Dieser Moment der Ungewissheit.

Ich fühle mich in eine andere Zeit zurückgeworfen. In die Gemütslage und Handlungsmuster eines Politikers am Wahltag. Immer ein Bühnenstück, meistens ein Drama. Mit einem maßgeblichen Unterschied: Der letzte Akt entzieht sich der Kontrolle. Es ist, als glitte eine detailverliebte Inszenierung plötzlich ins Anarchische. Die Regie wird abgegeben. In die Verantwortung der Wähler. Gänzlich.

Auch hier scheint für eine kurze Spanne die Zeit stillzustehen. Der Kontrast des politischen Geschäfts zur Welt der Kreativen mag im Ausmaß der inneren Leere liegen. So war es jedenfalls bei mir. Trotz monatelangen, zehrenden Wahlkampfes will sich keine Zufriedenheit einstellen. Stattdessen die Gewissheit: Der erste Akt des nächsten Dramas wird in nur wenigen Stunden beginnen. Das Perpetuum mobile politischen Theaters.

Am Nachmittag des Wahltages sickern die Prognosen durch. Parteiführung, Abgeordnete und große Redaktionen wissen längst Bescheid, während die Bevölkerung noch im Unklaren gelassen wird. Was um 18 Uhr, dem Zeitpunkt der Schließung der Wahllokale, allen als ein überraschendes Ergebnis präsentiert wird, ist über Stunden bereits von Medien und Spitzenpolitikern absorbiert. Die nächste Regiearbeit hat schon begonnen. Die Protagonisten verteilen sich auf mehrere Bühnen. Darunter Fernsehstudios und Wahlpartys in den Parteizentralen.

Dort ist – soweit es keine krachende Niederlage gegeben hat – eine möglichst glaubwürdige schauspielerische Leistung abzugeben. Das Spektrum reicht von Zuversicht bis Triumph. Es beginnt das reflexhafte Dehnen der Wahrheit. Wer sich dagegen wehrt, riskiert die Isolation innerhalb der Partei. Die Gäste sind mehrheitlich Mitglieder. Manche karrierebewusst. Andere seit Jahren desillusioniert, aber professionell fröhlich. Alle vereint das Wissen um die begrenzte Halbwertzeit von sogenannten Wahlsiegern. Dazwischen Hauptstadtkorrespondenten, die wie Trüffelschweine die Witterung nach Spaltpilzen aufnehmen. Es ist nicht schwierig, diese zu finden. Denn jeder Wahltag hinterlässt Enttäuschte und Neider in den eigenen Reihen. Auch – und gerade – bei den Gewinnern.

Daraus wird sich irgendwann der zweite Akt nähren. Noch am Abend startet das Geschacher um die besten Rollen.

Bayern wählt am 8. Oktober einen neuen Landtag.

Breitbeinig wird auch das mäßigste Ergebnis zum Erfolg erklärt werden. Routiniert und machtbewusst.

Ein Bewusstsein, das auch die Endlichkeit von Macht umfassen sollte. Deren Tektonik verschiebt sich bereits in der Stunde des Wahlsieges. Wohin, ist niemals völlig klar. Bis jemand aus den eigenen Reihen den Sturz initiiert.

Im Theater treten die Schauspieler ab. Sie wirken erfüllt, sie können ihre Rollen abschütteln. Macbeth will man nicht ins reale Leben übertragen.

XXXV

Bruce Springsteen on Tour. Mit seiner legendären E Street Band. Das riesige Fußballstadion ist zum Bersten gefüllt. Der Altersdurchschnitt ist ein halbes Lichtjahr von der Generation Z entfernt. Ich singe alle Songs des Drei-Stunden-Marathons mit. Zum wachsenden Ärger meiner Nachbarn. Jedes Lied löst eine Erinnerung aus. An einen Ort, eine Emotion, einen Verlust. Glück und Niederlagen. Über eine Zeitspanne von fast 40 Jahren.

Bis heute kann ich mir weder Witze noch Gedichte merken. Aber jede Textzeile der Alben vom »Boss«. Selbst von B-Seiten der alten Singles.

Ich war 15, als ich ihn das erste Mal hörte. Eine Dorfkirchweih in der Nähe von Rosenheim. Wenige Tage vorher hatte ich mich über beide Ohren in ein etwas älteres Mädchen verliebt. Sie ahnte höchstens meine Schwärmerei, willigte aber ein, mich am Autoscooter zu treffen. Ich hatte mich zehn Minuten verspätet, weil ich ihr noch fünf Plastikblumen vom Schießstand mitbringen wollte. Das Luftgewehr war die Verlängerung meiner Nervosität. Klägliche zwei Rosen. In schauerlichem Gelb und Violett. Als ich mit weichen Knien am Fahrgeschäft ankam, knutschte die Angebetete bereits mit dem Bully aus der Parallelklasse. Der war einmal sitzen geblieben und einen Kopf größer als ich.

Aus den Lautsprechern dröhnte »It's Raining Men«. Ein Dauerbrenner, den ich bis heute verabscheue. Traumatisiert, nennt man das wohl. Ich setzte mich auf eine Bierbank. Allein mit meiner Kränkung und den Rosen.

Als es keine Männer mehr regnen wollte, schrie plötzlich jemand »Born in the USA« aus den Boxen. Es löste etwas in mir aus. Absurd. Ein Lied, von dem ich kein Wort verstand und das eigentlich eine bittere Abrechnung mit dem Vietnamkrieg ist, tröstete mich, schuf einen befreienden Trotz.

Die Plastikblumen landeten auf der Autoscooterbahn. Der Bully, mittlerweile am Steuer, fuhr natürlich drüber. Es war mir egal.

Am nächsten Tag machte ich mich nach der Schule auf zum nächsten Plattenladen. Ein Sehnsuchtsort verpickelter Teenagerträume in den Achtzigerjahren. Der Titel war ausverkauft. Stattdessen nur eine sündhaft teure Box von Bruce Springsteen:

»Live/1975–85«. Vielleicht eine der bedeutsamsten Investitionen meines jungen Lebens. Das Taschengeld war freilich beim Teufel.

Frühjahr 2018. Ein Reitturnier in Florida. Meine Tochter kämpfte sich gerade durch den Parcours. Ich lehnte an einem Holzzaun am Rande der Arena. Neben mir ein amerikanisches Paar. Anerkennende Worte. Ich brummelte etwas zurück. Schaute aber doch auf, da die Stimme des Mannes vertraut klang.

Springsteen.

Eines seiner Kinder ritt auf demselben Turnier.

Ich erstarrte. In einem anderen Leben war ich nicht leicht zu beeindrucken gewesen. Wenigstens nicht allein durch Prominenz. Hatte immer Worte für die Wichtigen dieser Erde gefunden. Nun waren meine Knie weicher als damals auf der Kirchweih.

Ich fasste mir ein Herz, sprach ihn an. Stotternd:

»Danke.«

»Für was, mein Freund?«

»Für deine Treue.«

»Wie bitte? Ich kenne dich doch gar nicht.«

«Das musst du auch nicht.«

Ich hätte mich ohrfeigen können für die Banalität des Dialogs. Wie oft hatte ich mir ausgemalt, was ich mit ihm diskutieren wollte. Abends war ich doch ein bisschen stolz.

Zurück im Stadion. Mir laufen die Tränen herunter. Ich bin dankbar für diesen Wegbegleiter eines verrückten Lebens.

Und denke an den Bully aus der Parallelklasse.

»When your best hopes and desires
are scattered through the wind
And hard times come, and hard times go
[…]
Bring on your wrecking ball«
(Wrecking Ball, 2012)

XXXVI

Paris. Im Sommer. In Frankreich brennen die Straßen, nachdem ein Siebzehnjähriger im Pariser Vorort Nanterre durch eine Polizeikugel umgekommen war. Die Hauptstadt hat in ihrer Geschichte unzählige Revolten erlebt. Manche Lebensentwürfe an der Seine sind ein Hangeln von Aufstand zu Aufstand. Andere beginnen in den Ruhephasen zu blühen, dazwischen Scham und Verzweiflung. So schilderte es mir vor einigen Jahren ein französischer Freund. Er zählte sich selbst zur zweiten Gruppe.

Ich bin zu Besuch bei ihm. Vor wenigen Tagen rief er an. Wie immer anklagend, dass die Initiative nie von mir ausgehen würde. Er ist Schriftsteller. Sensibel und gerne beleidigt.

Vor einer halben Ewigkeit hatten wir uns beide bei einer Konferenz in England den Hintern abgefroren. Es war Januar, ein viktorianisches Landschloss, und die Briten offenbar stolz darauf, den Härtegrad ihrer kontinentaleuropäischen Gäste testen zu dürfen.

Unser – zugegeben wenig feinsinniger – Gegenentwurf zur gesellschaftlichen und winterlichen Kälte bestand darin, den Vorrat an Malt Whiskeys maximal auszudünnen. Wir scheiterten schnell, fanden uns aber in einer hitzigen Diskussion wieder, welches europäische Land am ehesten den Abgründen seiner Geschichte wiederbegegnen würde. Kurioserweise verteidigten wir beide die Nation des anderen.

Der Abend mündete in einem Pakt. Besiegelt mit einem ziemlich widerwärtigen lauwarmen Guinness. Wir verpflichteten uns, den anderen einzuladen, wenn wir in unseren jeweiligen Ländern Umbrüche witterten. Oder wenigstens bemerkenswerte Entwicklungen. Eine Art Feldstudie an Brennpunkten. Abzurunden mit einem kulturellen Höhepunkt. Als Trost oder Bestätigung. Vorzugsweise ein umstrittenes Werk. Egal ob Operninszenierung, Konzert, Ausstellung oder Architektur.

Unglücklicherweise erinnerte er sich am nächsten Morgen an die Abmachung. Meine Erinnerungen kämpften mit einem Dunst, wie ihn wohl nur schottische Destillerien zuwege bringen.

Die Einladungen kamen anfangs im Halbjahrestakt. Mein Freund wähnte sein Land offenbar in der Dauerkrise. Ich musste die meisten ausschlagen. Als ich in den USA lebte, wurde es noch schwieriger.

Umgekehrt waren 16 Jahre Merkel eine Herausforderung. Mehltau löschte manche Glut.

Aber wir sahen die Proteste um Stuttgart 21, waren während der Flüchtlingskrise in Sachsen, fuhren an die bayerisch-österreichische Grenze, ertrugen – besser: erlitten – eine Kundgebung mit Höcke und erlebten Willkommenskultur an deutschen Bahnhöfen. Wir besuchten eine Veranstaltung von Fridays for Future, saßen in einer Lesung von Tellkamp und hörten Dirigate von Thielemann, Barenboim und Gergijew.

In Frankreich spürte ich die Stimmungen bei Veranstaltungen von Le Pen und Mélenchon, staunte über die Begeisterung im ersten Wahlkampf von Macron und später über Traktoren und brennende Strohballen auf der Champs-Élysée. Wir sprachen mit Zeugen des Attentats im Bataclan und mit Einwandererfamilien in den Pariser Vororten. Dazwischen Konzerte, Galeriebesuche und Ausstellungen.

Während der Pandemie stritten wir uns einmal heftig in einem Videocall über Impfpflichten.

Gestern fuhren wir in die Banlieues. Ausgangspunkt vieler Krawalle. Auf den Straßen die Gerippe angesteckter Autos. Der beißende Geruch von geschmolzenem Gummi.

Heute das Kontrastprogramm. Wir stehen in einer Gasse am Montmartre. Der frühere Tempelberg der Literaten und Künstler steht mittlerweile eher für abgestandene Touristenklischees.

Gelegentlich trifft man aber auf exzellente Straßenmusiker. Sie trotzen den lauten Reisegruppen mit feiner Melancholie. Um einen scharen sich die Zuhörer. Er schlägt sie mit einem Akkordeon und Chansons in seinen Bann.

Während einer Pause postiert sich etwa zehn Meter entfernt ein Rollstuhlfahrer. Mit ihm eine Frau im Hidschab, dem traditionellen islamischen Kopftuch.

Er beginnt zu singen. Ich kann es weder sprachlich noch kulturell zuordnen.

Eigentlich kann er gar nicht singen.

Mehrere Leute murren. Eine schimpft, ob er eine Genehmigung hätte. Man würde die Ordnungskräfte rufen. Oder er solle besser gleich nach Syrien zurückkehren.

Der Rollstuhlfahrer stockt, hört auf zu singen. Entmutigt. Sein Gesichtsausdruck spiegelt Trauer und Elend.

Dann geschieht etwas Unerwartetes. Der Chansonnier nimmt sein Instrument wieder auf, geht zum Rollstuhlmusiker und legt ihm den Hut mit seinen Einnahmen auf den Schoß. Daraufhin beginnt er, mit seiner Quetsche die seltsame Melodie des Mannes anzustimmen, und ermuntert ihn, erneut zu singen.

Die meisten applaudieren.

Einer ruft: »Das ist eine Zumutung!« Auf Deutsch. Ausgerechnet.

Mein Begleiter schaut mich an. »In zehn Minuten verdichten sich 15 Jahre unseres Paktes.«

Nach der Rückkehr sehe ich mir eine Ausstellung über Secessionen in der Berliner Nationalgalerie an.

Kunst, die den Übergang umarmt. Die Klammer zwischen Impressionismus und Expressionismus. Sie fehlt unseren heutigen aufgeheizten Gemütslagen.

Ich rufe meinen französischen Freund an. Er ist grantig. Eigentlich wie immer. Als ich ihn daran erinnere, was am Ende der Secession stand, bucht er den nächsten Zug an die Spree.

Es war der erste große Krieg des letzten Jahrhunderts.

XXXVII

New York, Brooklyn. Unterwegs vom Flughafen John F. Kennedy in die Stadt. Ich bin müde. Acht Stunden Flug über den Atlantik. Meine Lust auf diese Reise hält sich in Grenzen. Die mir so vertrauten USA sind mir wieder fremder geworden. Der Vorwahlkampf hat früh begonnen, die Polarisierung wächst im Stundentakt.

Zu allem Überfluss ist mir schlecht. Die typisch ranzige Luft in einem Yellow Cab. In diesen Archetypen amerikanischer Taxis treffen rückständige Lüftungssysteme auf eine Geruchsmischung von Kunstleder und altem Schweiß.

An einer Ampel dreht sich der Fahrer um. Ob er einen Zwischenstopp einlegen dürfe. Nur kurz.

»Selbstverständlich.« Vielleicht rumort es ja auch in seinem Bauch.

Er hält in zweiter Reihe. Ich steige sofort aus. Durchatmen.

Mein Fahrer schlendert seelenruhig zum Heck des Wagens. Er öffnet den Kofferraum, klemmt sich drei Flaschen Saft, Sandwiches und Schokoladenriegel unter die Arme.

Am Straßenrand sitzen zwei Obdachlose. Er legt ihnen alles auf eine ihrer Decken. Die Tränen und das Lachen der beiden gelten nicht nur ihrem Wohltäter. Sondern, ohne dass sie es ahnen, auch mir.

Ich habe in meinem Drang nach besserer Luft schlicht über sie hinweggesehen. Oder besser, hindurchgesehen. Abgestumpft durch die Vielzahl vergleichbarer Schicksale in dieser Stadt.

Zurück im Wagen bin ich entsetzt über mich selbst. Obendrein trägt meine Erschütterung eine weitere Blüte der Egozentrik. Ich war so mit der Wahrnehmung meiner Schwäche beschäftigt, dass ich nicht einmal auf die Idee kam, etwas Geld bei den zwei armen Teufeln zu lassen.

Mein Fahrer reißt mich aus den Gedanken. Ob ich einverstanden wäre, ihm später das Trinkgeld in bar zu geben. Die Hälfte davon gebe er Tag für Tag für diese Zwischenstopps. Vor Jahren hätte er selbst auf der Straße gelebt. Und von ihr. Eines Tages, sagt er, hielt ungefragt eine junge Dame, kaufte ihm an der

Ecke einen Kaffee und schenkte ihm etwas, das er verloren glaubte: das Gefühl von Würde.

Dieses kleine Ritual sei seine Form, Danke zu sagen. Ich frage nicht, ob sich die Geschichte wirklich so zugetragen hat. Ungemein charmant erzählt ist sie allemal.

Als wir ankommen, lächelt mich mit meinem Fahrer ein anderes Amerika an. Nun glaube ich ihm. Ich kann mich nicht erinnern, jemals so viel über den Fahrpreis hinaus gezahlt zu haben. Unverhältnismäßig war es nicht. Angelegt in die Bekämpfung meiner Gleichgültigkeit.

XXXVIII

Wieder eine Zugfahrt. In der Mitte Deutschlands. Unerwarteter Müßiggang, als mir die Deutsche Bahn 70 Minuten schenkt. Über die Lautsprecher nuschelt der leitende Schaffner einen Brei aus Verspätungsgründen, versäumten Anschlüssen und Bitte um Nachsicht.

Vom Vordersitz ein dünnes, resigniertes Stimmchen:

»Nicht mal ein Bedauern hört man bei den Floskeln noch heraus. Alles flöten gegangen.«

Mich stört es nicht. Wenigstens ehrlich. Allein die heutige Inflation von Pannen würde jeden Anflug von Reue sogleich entwerten. Diesmal funktioniert zur Abwechslung die Klimaanlage nicht. Auch die Steckdosen sind tot. Demgemäß haben vor zwei Stunden meine Kopfhörer ihren Geist aufgegeben. Der Computerbildschirm ist schwarz.

Mir bleibt meine letzte analoge Zuflucht: die klassischen Druckerzeugnisse. Vereinzelt werde ich belächelt, wenn ich mit einem Stapel Zeitungen und Büchern unter dem Arm verreise.

Wie zuletzt auf einem Flug nach Helsinki. Eine denkwürdige Begebenheit. Auf dem Gangplatz saß bereits ein junger Mann. Typ fleischgewordene McKinsey-Studie.

Ich musste ans Fenster. Aufstehen kam für den Herrn nicht infrage. Gnädig nahm er seine Beine zur Seite. Ich zwängte mich vorbei. Da fragte er mich, was ich mit dem ganzen Papier wollte.

»Ein Lagerfeuer starten. Erhöht die Spannung im Flieger.«

Gleich nach dem Abheben zog er ein Tablet aus einem eleganten Lederetui. Seine Finger und ein Pencil bearbeiteten das Gerät in atemberaubender Geschwindigkeit. Alle paar Minuten wischte er mit einem Tuch die Fettflecken auf Tastatur und Monitor ab. Es mag einen medizinischen Fachbegriff für solches Verhalten geben.

Schließlich widmete ich mich der Zeitungslektüre. Und erntete zunehmend böse Blicke. Mein Nachbar war offenbar vom Rascheln der Blätter genervt. Zugegeben, es waren nicht wenige.

Schließlich konnte er nicht mehr an sich halten:

»So alt sehen Sie noch gar nicht aus.«

»Bitte?«

»Sie könnten doch genauso gut digital lesen.«

»So jung sehen Sie nicht mehr aus, als dass der Erziehungsauftrag Ihrer Eltern nicht als abgeschlossen gelten dürfte. Warum so unfreundlich?«

Belehren konnte er, schlagfertig war er nicht. Er schwieg.

Bis er mich fragte, ob er die Steckdose von meinem Sitz nutzen dürfte. Seine war offenbar defekt.

»Selbstverständlich.«

Auch meine hatte keinen Strom. Kurze Zeit später klappte der Jüngling das Tablet zu. Kein Saft mehr. Noch mindestens 90 Minuten Flug.

Nach einer Weile hielt ich ihm eine deutsche Wochenzeitung vor die Nase.

»Wollen Sie die? Sie können auch gerne rascheln.«

Er grunzte etwas Unverständliches.

Bis der Kapitän den Sinkflug einleitete, starrte er nur auf den Vordersitz. Einmal rüffelte er die Flugbegleiterin wegen der Qualität seines Weines an. Er meinte die Miniflaschen mit Schraubverschluss. Eher selten ein alter Bordeaux. Die Dame konnte bemerkenswert gut zurückrüffeln. Ob der Wein denn korken würde.

Auf meiner Bahnfahrt wird unterdessen stolz verkündet, dass man vier Minuten aufgeholt hätte. Leider sei nun aber auch die gesamte Elektronik im Bordrestaurant gestört.

»Von jetzt an werden Snacks und Getränke im Kinderabteil verkauft. Wir freuen uns auf Ihren Besuch.«

Ein Fahrgast beklagt sich beim Schaffner über die verwehrte Currywurst.

»Im Kinderabteil gibt es noch reichlich Bier, der Herr.«

Es ist 21.30 Uhr.

XXXIX

»Ich hoffe, das löst einen Shitstorm aus.«

»Was?«

»Mein Tweet, den ich gerade abgesetzt habe.«

»Und wenn er dir selbst um die Ohren fliegt?«

»Wieso? Ich bin doch völlig anonym.«

Ich verfolge diesen Dialog im Wartezimmer eines Münchener Orthopäden.

Ein junges Paar. Er mit zwei Krücken und einer beachtlichen Manschette am Knie. Seine Begleitung hatte ihn vermutlich zur Praxis gefahren.

Bereits am Empfang hatte er seinem Ärger über die Parkplatzsituation vor Ort Luft gemacht. Versagen bei der Inklusion, Diskriminierung. Schlichtweg eine Unverschämtheit. Den Strafzettel werde er den Ärzten in Rechnung stellen.

Die Sprechstundenhilfe ist abgehärtet und schaut mit aufreizendem Gleichmut durch ihn hindurch. Ich war wenige Minuten vorher eingetroffen. Ein großes Schild an der Straße wies auf Stellplätze für

Patienten hinter dem Gebäude hin. Davon waren bei meiner Ankunft alle unbesetzt.

Jetzt liest er seiner Begleiterin den Tweet vor. Kein Machwerk tiefster Intellektualität und Nächstenliebe.

Ich spreche ihn an: »Sie können vielleicht ein Knöllchen vermeiden, wenn Sie hinter dem Ärztehaus parken. Dort gibt es …«

»Was geht Sie das eigentlich an?«, blafft er mich an.

»Nun ja, Sie haben Ihren Unmut doch gerade der ganzen Weltbevölkerung mitgeteilt. Laut einer groben Schätzung zähle ich dazu.«

Er wechselt ins vertrauliche »Du«. Meine Belehrungen hätten ihm gerade noch gefehlt. Ich sollte mich um meinen eigenen Kram kümmern. Im Übrigen könnte ich ihm den Schuh aufblasen. Eine herrliche bayerische Variation des Götz-Zitates.

Plötzlich hellt sich sein Gesicht auf. Er gibt seiner Freundin das Mobiltelefon.

»Schau mal, schon sieben Likes.«

Ich verzichte auf eine Gratulation. Reflexhaft denke ich: Man kann gewissen Zeitgenossen die Genugtuung an ihrer Rüpelhaftigkeit nicht nehmen. Bei einem solchen Blutdruck ist der Weg vom Orthopäden zum Kardiologen bereits geebnet.

Ich wende mich ab und stöbere im üppigen Lesezirkel. Ausschließlich Gossip-Magazine. Bloßstellung als Geschäftsmodell.

Ein Gedanke beginnt zu bohren. Bin ich einen Deut besser? Was gibt mir eigentlich das Recht, über andere zu urteilen, ohne alle Hintergründe ihrer Handlungen zu kennen? Mich über die Empörten zu empören. Diese sogar gelegentlich in einer wöchentlichen Kolumne abzubilden.

Nichts.

Oder doch der Umstand, wie nahezu alle Menschen die Umgebung einer Bewertung zu unterziehen, die sich auf dem gerade Erlebten begründet? Auf drei Sekunden. Der Wahrnehmung von Gegenwart.

Sind wir mit dieser Erkenntnis bessere Zeitgenossen? Kaum. Aber Menschen.

Nun will der junge Mann dem Münchener Oberbürgermeister an den Kragen. Er liest seiner Freundin den nächsten Tweet vor.

Er strotzt vor Beleidigungen.

*

Es gibt Gesellschaften, die sich offenbar gerne empören. Über Menschen, die sich festkleben. Über solche, die am Stuhl kleben. Über Fußballer, die sich den Mund zuhalten. Über solche, die es versäumen, den Mund zu halten. Über Politiker, die zu viel versprechen. Über solche, die sich einfach versprechen.

Über die Deutsche Bahn. Über die Parkplatzsituation bei einer Arztpraxis.

Empörung ist für manche etwas Wunderbares. Spiegelt sie doch Engagement vor – ohne sich engagieren zu müssen.

Willkommen in der Demokratie. Empörung ist oft hart, unerbittlich und brutal. Auch dumm, verletzend und boshaft. Aber sie muss – zumal bei uns – ausgehalten werden.

Es gibt aber auch Gesellschaften, die sich nicht empören dürfen.

Über Menschenrechtsverletzungen. Über Gewalt. Über Machtmissbrauch der Regierenden. Über den Zynismus gleichgeschalteter Medien.

Empörung ist dort nichts Wunderbares. Sie kann lebensgefährlich sein. Und äußert sich oftmals leise, klug formuliert und mutig.

Ich denke an verzweifelte Menschen im Iran. In China. An Orten, wo Freiheit anders definiert wird. Wenn überhaupt. Auch die Freiheit, sich zu empören. In diesen Ländern fällt der Anonymität in sozialen Medien eine andere Bedeutung zu. Sie kann Leben retten. Bei uns wirkt sie allzu oft als Brandbeschleuniger. Als Spiegel armseliger Feigheit.

XL

Letzte Woche. Ein Abendessen mit Freunden. Wir diskutieren über Umgangsformen in politischen Parteien. Das Urteil der anderen ist nicht freundlich. Auch meines ist durchwachsen. Ich verweise auf die Gepflogenheiten eines harten Geschäfts. Machtrituale. Eifersüchteleien.

»Ist dir denn jemals etwas Vergnügliches widerfahren?«, fragt mich einer.

»Langweilig sind Parteien nie. Aber Vergnügen? Selten.«

Dann erzähle ich eine Episode vom vergangenen Winter. Fast zwölf Jahre nach meinem Ausscheiden.

Ein Schreiben zu meinem Geburtstag. Via E-Mail. Vom Generalsekretär der CSU. Ich erstarrte natürlich vor Ehrfurcht.

»Lieber Herr Guttenberg« – bereits das Anschreiben eine Wonne. In zweifacher Form:

Stemmte sich die Partei nun sogar bei einfachen

Mitgliedern wie mir gegen ein unseliges Gebaren? Die flächendeckende Duzerei. Jeder mit jedem, selbst in der Union. Dem Bruderkuss unter Konservativen sollte wohl unter allen Umständen der Riegel vorgeschoben werden.

Gleichzeitig wird mit dem Verzicht auf Adelsattribute wie »von« und »zu« volksnah der Abschaffung der Monarchie Rechnung getragen. Selbstverständlich nur jenseits der Staatskanzlei, der letzten Bastion des Großfürstentums. Und mit leichter Verspätung, etwas mehr als 123 Jahre nach dem Inkrafttreten der Weimarer Reichsverfassung.

Gerührt nahm ich wahr, dass sich mit der Gratulation »auch die besten Grüße unseres Parteivorsitzenden und Bayerischen Ministerpräsidenten Dr. Markus Söder« verbanden. Tatsächlich? Von Herrn Dr. Söder persönlich? Ein Menschenfreund. Er hatte wirklich an mich gedacht. Sonst hatte man immer das Gefühl, Politiker kreisten nur um sich selbst.

Es kam indes noch besser: »Als kleines Geschenk dürfen wir Ihnen einen individuellen Fünf-Euro-Gutschein für den CSU-Fanshop überreichen.« (Mindestbestellwert 20 Euro.) Ich sah mir die Auswahl an. Es gab u.a. einen Meterstab »Markus Söder«, den Turnbeutel »Löwe und Raute«, CSU-Kugelschreiber aus Bambus, das Oktoberfest-Sparschwein »O'zapft is'« (klein und groß), ein Herren-Hoodie mit Aufdruck »Immer locker, flockig bleiben«, und, hurra!, eine Baumwolltasche »Söder«.

Bei aller Spöttelei: Ein wirklich heilsames Geburtstagsgeschenk. Hier machte die CSU (auch mal) etwas richtig.

Erinnerte sie doch ihre ehemaligen Generalsekretäre, Abgeordneten und Minister daran, sich nicht so unendlich wichtig zu nehmen. Was schon der Partei scheißegal ist, muss nicht der eigenen Eitelkeit dienen. Ich war den lieben ehemaligen Kollegen dankbar. Selten hatte ich bei einem Gratulationsschreiben so herzlich gelacht.

Bei meinen Freunden kommen Zweifel auf. Könnte es sich bei alledem um ungewollte Resultate gehandelt haben, einen automatisierten Vorgang? Wütete hier etwa ein Algorithmus?

Der Generalsekretär duzt mich doch eigentlich seit Jahren. Und Markus Söder würde eher Keuchhusten bekommen, bevor er mir im realen Leben solche Liebenswürdigkeiten zuflüstern würde. Der Mindestbestellwert wäre womöglich um zwei Nullen ergänzt worden.

Haben sie recht? Teilt die Parteispitze ihre intellektuelle Kraft nunmehr mit künstlicher Intelligenz?

Endlich, mögen einige Bösewichte sagen.

Aber weshalb zweifeln, wenn man sich die Illusion selbstironischer politischer Vertreter bewahren kann.

XLI

Ferien. Wahrscheinlich der Moment, wo sich erfolgreiche Menschen am idiotischsten verhalten. Nicht alle, aber ich kenne nur wenige Ausnahmen.

Urlaubsbeginn. Was geschieht, wenn man ein Hamsterrad abrupt zum Halten bringt? Der Hamster fällt aufs Maul.

Anstatt sich in der Woche vor den Ferien der kommenden Entschleunigung anzupassen, wird Gewissensberuhigung zelebriert. Hochtourig bis zum Schluss. Selbst die unbedeutendste E-Mail wird noch um zwei Uhr nachts beantwortet.

Dann packen. Die Familie wegen ihrer schlechten Laune anraunzen. Abfahren.

Und der Hamster? Wird am Ferienort erst einmal krank.

Halbwegs genesen macht er sich ans »Runterkommen«. Die Flasche Rosé bereits zum Mittagessen, am Abend der lokale Rotwein.

»Ausnahmsweise, nur im Urlaub.«

Die Qualität der Familiengespräche korrespondiert mit den Promillewerten. Geschenkt – die Anliegen und Sorgen der Lieben stören schließlich nur die Erholung. Mangels anderer Themen dürfen die Kinder wenigstens längere Exegesen über den beruflichen Alltag des Hamsters genießen. Sogar eine Rufumleitung wird initiiert. Auf das Handy eines Familienmitglieds.

»Ich muss mich ja auch mal entspannen.«

Mit dem Ferienort verbinden sich Freunde und Verwandte, die man nur zu diesem Zeitpunkt antrifft. Oder auf Beerdigungen. Nun sollte der Hamster sogleich die gesellschaftliche Hierarchie zurechtrücken. Von daher keine Unterhaltung ohne Hinweis auf die eigenen Erfolge, gepaart mit exzessivem Namedropping.

Dann Packen. Die Familie an die eigene gute Laune erinnern. Abfahren.

Das Hamsterrad dreht sich bereits.

*

Letzte Woche. Nach zwei Tagen Ferienschnupfen (sic!) gehe ich auf eine Bergtour. Endlich das Gipfelkreuz. Eine Viertelstunde später trifft ein mittelaltes Ehepaar ein. Er flucht. Sie strahlt. Wie schön der Aufstieg gewesen sei. Dazu das zauberhafte Panorama.

Sie leert ihren Rucksack, baut liebevoll eine Brotzeit auf. Er hat immerhin die Getränke getragen. Zwei Bierdosen komplettieren das Bild.

Dann schellt sein Telefon. Klingelton »Marimba«, in voller Lautstärke. Die akustische Heimsuchung eines führenden Herstellers von Mobilgeräten. Weshalb es auf diesem entlegenen Dach der Alpen Empfang gibt, erschließt sich mir nicht. Der Mann lässt es ungerührt durchscheppern. Es läutet ein zweites Mal.

»Da muss ich ran.«

»Musst du nicht«, sagt seine Frau.

Er nimmt ab und verschwindet hinter einem Felsen. Leise ist er nicht. Wir dürfen alle an den Einzelheiten einer Compliance-Frage seiner Firma teilhaben.

Nach einer halben Stunde packt sie die Brotzeit wieder ein, auch seine, schüttet sein Bier aus, legt ihm zwei Gummibärchen auf eine Serviette, beschwert diese mit einem Stein und steigt ab. Wenig später kommt er um die Ecke, bemerkt die Gummibärchen, stutzt, blickt sich suchend um. Dann tippt er mehrfach eine Nummer in sein Telefon. Womöglich die seiner Frau. Erfolglos. Sein Gesichtsausdruck ist preisverdächtig.

Er packt seine Sachen und macht sich auf den Weg.

Immer wieder trägt der Wind »Marimba« nach oben.

XLII

Ich bin zu Besuch bei einem Bekannten. Er hatte die letzten zwei Jahre fast ausschließlich in Krankenhäusern verbracht. Nun ist er zu Hause, wirkt fröhlich und überrascht, mich zu sehen.

Vor einigen Wochen war ich seiner Frau begegnet, einer alten Studienfreundin. Sie fragte mich, ob ich einmal vorbeikommen könnte. Auf meine Frage, wie es ihm ginge, wich sie aus.

Er sitzt im Garten. Eine Infusion im Arm.

»Danke für deine Zeit.«

»Für dich immer.« Stimmt nicht ganz, diese Beziehung hatte ich zu sehr schleifen lassen.

Er weiß es und lächelt nur.

»Wie hast du das durchgestanden?«

»Am Anfang war es die Hölle. Irgendwann habe ich gelernt, mich nur auf die Gegenwart zu konzentrieren. Seitdem bin ich ein veränderter Mensch.« Seine Frau rollt mit den Augen. Aber sie stimmt ihm zu: »Manche Gurus nennen das gerne etwas pathetisch ›das Hier und Jetzt‹.«

Er fährt fort: »Es hat mir Schritt für Schritt die Ängste genommen. Vor dem Befundmarathon. Zunächst ein Hangeln von einer Angst zur nächsten. Dann habe ich begriffen, welche Kraft in jedem Augenblick liegen kann.« Plötzlich hätte er einem Krankenzimmer mehr als nur zweckmäßige Kälte abgewinnen können. Selbst eine empathielose Arztvisite wäre so erträglich geworden.

Wir sprechen über Zeit, Zeitvergeudung.

»Wie viel Zeit bleibt dir noch?«

»Die Frage ist mir mittlerweile gleichgültig.«

Es fällt mir schwer, ihm zu glauben. Trotzdem strahlt er diese Gewissheit aus.

Vor Kurzem hatte mich jemand auf den Zeitrahmen von Gegenwart hingewiesen. In der Neurowissenschaft gibt man ihr maximal drei Sekunden. Die Dauer subjektiver Gegenwart.

Dem Künstler Jochen Gerz wird ein entlarvender Satz zugeschrieben: »Gegenwart hält man für selbstverständlich und weiß am allerwenigsten darüber.« Wahrscheinlich hat er recht.

Im Alter von sechs bis acht Jahren können Kinder die Zeit in Vergangenheit, Gegenwart und Zukunft klassifizieren. Unser späteres Leben wird häufig nur von Gedanken über Vergangenes und Kommendes überlagert. Wie oft wünscht man sich einen Moment zurück, um etwas ungeschehen zu machen, nochmals zu erleben. Oder hofft auf ein Ereignis, das gewiss so nie eintreten wird. Man steht am Sterbebett oder Grab eines anderen und ersehnt diese Augenblicke. Und jongliert nur mit Illusionen.

Mein Bekannter sagt noch etwas Bemerkenswertes: »Es hilft mir auch im Umgang mit anderen. Ich sehe mich nicht mehr mit den Augen meiner Gegner. Die Lust, jemanden an seine Vergangenheit zu erinnern, ist oft nichts anderes als Gegenwartsbewältigung im eigenen Leben.«

Ich freue mich über seine Gelassenheit, den Frieden, den er mit sich und seinen dunklen Kapiteln gemacht hat.

Für einen Wimpernschlag, vielleicht drei Sekunden, fühle ich mich selbst gegenwärtig. Bis mich die Gedanken an Zukünftiges herausreißen. Gnadenlos in ihrer Wirkung und Unwirklichkeit.

Eine Woche später ruft mich seine Frau an. Sie weint.

Die Behandlungen würden endlich wirken.

Die Ziellinie des Befundmarathons scheint nahe.

Zumindest für sie.

Er hat sie längst durchlaufen.

Über den Autor

KT Guttenberg ist Unternehmer, Co-Produzent und Moderator von Dokumentarfilmen und anderen publizistischen Formaten. Er veröffentlicht in englisch- und deutschsprachigen Medien. Seit Juni 2023 ist er zusammen mit Gregor Gysi Host des Podcasts »Gysi gegen Guttenberg«.